関東学院大学経済学会叢書

ビジネス社会の未来

池内守厚 [著]
Moriatsu Ikeuchi

東京 白桃書房 神田

序

　わが国の経済社会は，1980年代半ば以降の実質的な低成長への突入にもかかわらず，さらに1990年前後のバブル崩壊後も，量的な経済成長を維持するために，目先の経済政策にのみ目を向け，金利の引き下げや，赤字国債の発行，一部の産業を利する補助優遇政策を推進してきた。例えば，大企業再建のために，次々と資金を投入していった。本来，危険水域にある企業の多くは理念なき，利益第一主義・生産第一主義・経済成長至上主義にもとづいて企業経営がなされ，将来の新産業や産業構造改革とは一線を画す存在である。もちろん健全とされる企業もあるが，いかなる企業であっても将来への保証はまったくない。

　将来の新産業や産業構造の芽をもった企業は，むしろ中小企業や小規模企業である。したがって，企業は規模の如何(いかん)にかかわらず，ダイナミックで，ポジティブで，イノベーショナルな企業家的活動をすることが不可欠である。現在の大規模企業は，もとを正せば，すべて中小零細企業から出発しており，つねに新しい産業や産業構造に関わり，かつ先頭をきってきた。しかし規模が拡大するにつれ，経営力が分散化し，漫然とした企業経営を行うようになり，官僚化や大企業病化が進行し，いつしか崩壊への道程を進むことになった。このようなレベルに到達した大企業は，現状を認識し，かつ創業当時の理念をもった熱き時代の原点に立ち返るべきである。

　現代の，わが国の経済にとって，もっとも必要不可欠なのは，新産業の育成や構造転換であって，単なる経済や産業，さらに企業の延命のために資金を投入すべきではない。将来のために資金を使うべきであり，育成のために

こそ資金を使うべきである。また「民営化」という名のもとに，自由競争による経済の活性化は格差社会を生み，さまざまな歪みを生むことも証明されてきた。わが国の経済は，さまざまな意味で，右や左といった極端な議論から，「第3の世界」つまりバランスのとれた，平等主義を基本とする「厳しさの中にも温みのある政策」が期待されている。

本書は，このような基本的なスタンスに立ち，これまでの資本主義社会や企業社会について，「社会構造」(social structure)の視点から分析し，最終章で，現在のわが国の社会構造の再生について，さまざまな提案をしたいと考えている。

現在のわが国は，一方において，政治・経済・社会のすべてにおいて不安定で，多様で，複雑な変化を引き起こしている。他方において，「自由意思」(willingness)をもち，個性的で，激しく多様に変化する市民が存在する。彼らはさまざまに変化する要求や欲求をもっている。本書では，このような複雑な変化を引き起こしている原因の探求と，それらを引き受け担うべき組織・機関・制度について考察する。しかし，これらの組織・機関・制度が十分に機能していないことが，さらに問題を大きく，かつ複雑にしている。その結果として，多くの市民は大きなストレスを感じながらも日々の生活を送ることになる。市民に対峙する組織・機関・制度は，自由意思を十分に吸収しえていない。しかし，市民は同時に「責任」(responsibility)を有することは言うまでもない。「自由と制約」は民主主義の基本理念である。

組織・機関・制度が政治・経済・社会などの複雑な変化を吸収できないがゆえに，市民レベルでの「高ストレス社会」を形成していった。自分自らを顧みるでもなく，他の人びとや社会に対して攻撃的になっており，自己中心的な社会が深く，静かに潜行している。このような「高ストレス社会」が時々，他人を巻き込み暴発するのである。

このような状況を打破するのは，唯一，歴史を振り返り，これまでと近い状況にあった社会，そこから生成されていった理論について，まずもって時

間をかけ，じっくり考察をすることが必要不可欠である。そのうえで，わが国の混沌とした状況を再度考察・分析し，構想力と創造力をもって未来を方向づけることが大切である。しかし，現在のような社会問題を解決するのは，最終的には，自立化・自律化し，独創力を発揮しうる個々人である。市民としての個々人には，自分自身，何ができるかを再度考えてみることも大切である。まさに，市民レベルでの個人は社会の一員として，自立化し，自律化し，独創力を発揮することが必要であり，それは一市民としての責任と役割を果たすことである。一市民として個人，社会の一員としての組織・機関・制度は共に責任を果たすべきであり，甘えは許されない。われわれは，自らの視点から学び，広い視野をもつことによって，未来を志向することができるようになる。現代社会は謙虚さこそが大切である。

　そこで，崩壊しつつある，あるいは崩壊したとされる，わが国の長期安定社会を，企業社会の背景をなす資本主義社会の視点から取り上げる。この資本主義社会は主体論的に取り上げるならば，市民・企業・国家から成り立っている。このうち各市民は「個人目的」の実現，企業は「イノベーション」の実現，国家は「政策」の実現を目指す。次に，資本主義社会を背景にもつ企業社会を取り上げる。この企業社会の3層構造は「組織社会」「制度社会」「ネットワーク社会」であり，それぞれについて分析を行う。最終章である第Ⅴ章では，企業社会の3層構造の視点から，わが国企業社会の再生について提案をいくつかしたい。

　本書が，関東学院大学経済学会叢書の一角に加えていただくことになり，関係各位に，まずもって御礼申し上げたい。さらに，本書の刊行に対し，多大なる御支援を頂戴した白桃書房代表取締役社長　大矢栄一郎氏に感謝申し上げたい。

2010年10月6日

　　　　　　　　　　　　　　　　　　　　　　　　　池　内　守　厚

目　次

序

第Ⅰ章　長期安定社会の崩壊 ——————————— 1
1　資本主義社会の規範と歪み ——————————— 2
1－1　わが国資本主義社会の歴史と課題　4
1－2　「市民」の生活と生命　8
1－3　「企業」と企業家精神　10
1－4　「国家」と資本主義の倫理　13
2　「企業社会」の分析と修正 ——————————— 17
2－1　企業社会の変遷　18
2－2　現代企業社会の3層構造　21
3　企業組織社会の崩壊 ——————————— 22
3－1　機械概念と有機体概念　23
3－2　日本的雇用システムとその変遷　24

第Ⅱ章　人間主義と「組織社会」 ——————————— 27
1　人間の3つの構成要素と4つの特性 ——————————— 28
1－1　人間の3つの要素　28
1－2　人間の4つの特性　29
2　個人と協働システム ——————————— 30
2－1　個人と全体　30
2－2　協働システムの生成　32
3　組織と経営管理 ——————————— 34

3-1　協働システムと組織　*34*

　　3-2　組織と経営管理職能　*36*

　　3-3　意思決定と経営戦略　*43*

第Ⅲ章　市民主義と「制度社会」 ──────────── *47*

　1　個人行動と選択の理論 ───────────────── *48*

　　1-1　個人行動の3つの前提　*48*

　　1-2　人間の精神を制度化する3要素　*52*

　　1-3　個人と個人間の選択行為　*53*

　2　制度とゴーイング・コンサーン ─────────── *58*

　　2-1　プラグマティズム　*59*

　　2-2　制度の3つの次元　*64*

　　2-3　制度の創始と3つの課題　*66*

　3　制度としての大企業 ──────────────── *68*

　　3-1　社会と企業　*69*

　　3-2　制度としての大企業　*72*

第Ⅳ章　環境主義と「ネットワーク社会」 ─────── *77*

　1　環境経営とサスティナビリティ ──────────── *79*

　　1-1　環境問題の本質とエコロジー　*80*

　　1-2　企業の環境経営の定義と原理　*82*

　2　ラディカル・エコロジーと環境倫理 ──────── *85*

　　2-1　ラディカル・エコロジーと地球環境　*85*

　　2-2　環境倫理とその基盤　*86*

　3　ラディカル・エコロジーの展開 ───────────── *89*

　　3-1　ディープ・エコロジーの諸原理　*90*

　　3-2　ソーシャル・エコロジーとその課題　*91*

3-3　ソーシャル・エコロジストの視座と課題　*94*

第Ⅴ章　わが国企業社会の再生 ────────── *99*
　1　わが国「組織社会」のつなぎ ────────── *102*
　　1-1　将来ヴィジョンの生成　*103*
　　1-2　組織社会のつなぎ──仕事と技術　*106*
　　1-3　共同体としての日本的経営　*108*
　2　「制度社会」の倫理と道徳 ────────── *111*
　　2-1　社会的機能としてのマネジメント　*112*
　　2-2　西洋と東洋における企業倫理　*113*
　　2-3　未来と道徳準則の創造　*117*
　3　「ネットワーク社会」の共創化 ────────── *122*
　あとがき ────────── *127*
　索　　引 ────────── *133*

第I章
長期安定社会の崩壊

　本章では，わが国の長期安定社会が崩壊したと仮定し，その背景や動向について，まず明らかにしたい。

　現在，わが国の社会は，エコ技術の高度化，グローカル（グローバル＋ローカル）化，少子高齢化（労働力の高齢化：労働力市場の縮小），国内マーケットの縮小化，技術研究開発や新製品開発コストの高騰などによる高コスト化，さらに企業間ネットワーク化（提携を含む）など，生態上の大きな根幹的変化の波に洗われている。一方で，労働力市場が縮小し，他方で賃金が減少する中で，国民の購買行動もネガティブなものとなりつつある。われわれは何を買い，何にお金を使えば良いのだろうか。

　われわれは，戦後，これまで築かれてきた長期安定社会を維持してきた要素を，もう一度見直し，修正すべきところは修正し，復活するところは復活していくべきであると考える。大きな変化が起きた時に，それは古い，捨ててしまうべきであるという議論はセンセーショナルで，すべての人びとにも分かりやすい。しかし，それは「振り子の原理」[1]と同じで，極端な状況に走り，時間の経過とともに，また修正を余儀なくされる。大きな変化に直面している時こそ，自らの置かれた立場の足元を見つめ，時間をかけ，じっく

---

1)「振り子の原理」については，池内守厚著『トップリーダーの役割―企業進化とネットワーク経営―』白桃書房，2002年，58-59頁を参照されたい。

りと次への構想を練り、かつ将来のヴィジョンを具現化することが必要である。「温故知新」という言葉の重みをもう一度見直すべき時機に来ている。

われわれは本章で、1．資本主義社会、2．企業社会、3．企業組織社会について根本から見直し、わが国社会の根本的特長としての長期安定社会について探索することとしたい。

これらの諸問題を扱うにあたり、われわれは時系列的・歴史的に考察し、現代社会との異質性を基準として、現代と過去との間に境界線を引き、過去を区分し、それぞれ位置づけ、さらに未来を予測する。

わが国社会は、これまでの価値観や行動基準が通用しない状況にあり、新しい価値観や行動基準が求められている。しかも、この新旧の間には、P. F.ドラッカーのいう「断絶の時代」といわれるような状況が生成されている。

1　資本主義社会の規範と歪み

資本主義経済は私有財産制を基礎とし、もともと企業の自由な活動や市民の自由かつ十分な購買活動を保障する。企業は機械化による大量生産システム（フォードのベルト・コンベア・システム）を導入し、大量消費を可能なものとし、一層の利益拡大を目指した。それは一層の資本主義の拡大発展をもたらした。

企業は自らの理念にもとづき、自由に目的や目標、さらに経営戦略や国際戦略の設定を行うことができる。他方、市民は賃金の上昇によって、可処分所得を増加させ、より高価なものへと購買意欲を高めていく。資本主義経済の拡大の源泉は市民の賃金であり、市民の賃金の源泉は企業の利益である。そこで、市民の賃金が上昇しないということは資本主義経済そのものの縮小を招来することになる。また企業の利益や市民の収入が減少することは、国家予算の源泉である税収が減少することにもなる。

資本主義経済の発展は永遠に右肩上がりが当然であるかのように言われて

きた。しかし，製品が市民に行き渡り，一巡すれば，基本的には買い換え需要が中心となる。そこで，企業側も，別の欲求に応える製品を開発・生産・販売し，製品の多角化に努め，プロダクト・ミックスの拡大・充実に努め，企業利益の上昇・平準化に努力を傾注する。生産ベースでは単一あるいは少品種大量生産が不可能となり，他方では，製品の高質化により，技術・研究開発費が上昇する。さらに，人件費の上昇と相まって生産コストが上昇する。この生産コストを抑えるために海外生産が叫ばれてきたが，進出先の人件費の上昇で，生産コストの低減メリットは長期に保障されるものではない。

　このようなプロセスを経て，経済成長率は低下し，「安定成長」さらに低成長へと歩を進めることになる。企業の業績が悪化することによって，国の税収も減り，経済成長のための公共投資も国債発行に頼らざるをえなくなり，国の借金が膨大なものとなり，「安定成長の維持」「小さな政府」「地方分権」「社会福祉の充実」「公共投資」（維持管理投資も含む）などのバランスをとることが，ますます困難になる。

　他方，先進諸国は「高コスト社会」を招来してきた。それは，技術や産業構造の高度化による技術開発や新製品開発コストの高騰，原材料の高騰，生産財（生産システム）の高騰，人件費の高騰などによって招来される。

　このような状況を脱するには，少なくとも，次のようなことを実施することが必要であろう。

　①根本に帰り，ムダを排除し，これからどこにウエイトを絞っていくのかといった産業構造の全体的改革を行うこと。つまり，人間が社会生活を送るうえで根源的な側面である生命・医療，食料，エネルギー，看護・介護，環境などにウエイトを絞っていくこと。

　②第1次産業・第2次産業・第3次産業を総合的に見直し，第6（1＋2＋3）次産業の構築，地球環境を基点とする農業・林業・水産業の役割の見直しをすること。

③人びとや組織の相互扶助・相互協力関係の再構築をすること。つまり，日本的経営の見直しや，横断的な協力関係を基礎としたネットワークを生成すること。

では，まず，わが国資本主義社会の歴史について議論を進めることにしたい。

1-1 わが国資本主義社会の歴史と課題

資本主義にもとづく，市民の購買活動，企業活動，国家政策の実施は，実際には，資本主義社会（capitalism-society）の中で行われる。その資本主義社会は，市民—企業—国家の3者の相互関連活動によって成立しうる。以下，3者の関係を明らかにする。

①国家は社会秩序維持に努める。そこで，企業や市民に対して制約的行動を期待する。

②反面，国家は国民の生命や財産を守らなければならない。

③私的財産の延長線上にある企業の資産や生産財などを守ることが期待される。同時に，主体的な企業活動が保障されている。

④国の運営は国民の意思によって方向づけられ，反映される。

この3者の関係は，資本主義社会の3層構造として，図表Ⅰ-1のように表わすことができるだろう。

図表Ⅰ-1 資本主義社会の3層構造

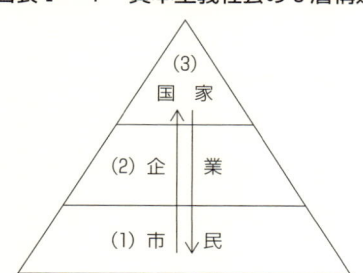

では，以下において，わが国の資本主義社会の歴史的流れを，それぞれの構成員レベルで考えてみることにしたい。

(1)市民レベル

戦後，経済成長とともに，各労働者の賃金が上昇し，それにつれ購買意欲も高まり，生活水準の向上・中流化が進行した。しかし，経済成長や企業業績がマイナス方向に向かうにつれ，各労働者の賃金の減少・早期退職や人員削減による失業者の増加，生活水準の２極化，さらに保護世帯の増加が進行していった。

(2)企業レベル

初期の段階は，少品種大量生産システムの導入に始まった。この大量生産システムの導入によって，企業利益の拡大と規模拡大が同時進行していった。当該企業の属する産業や生産している製品が一巡し，成熟化する中で，新製品の開発による経営の多角化を行ったり，海外輸出によって市場を拡大する。他方，次の一手を打つために，技術研究開発を重視することになる。それは消費市場の高度化や多様化に対応することにもなり，生産システムも多品種少量生産システムの導入をせざるをえなくなる。国内生産が限界点に到達する中，海外生産・販売，さらに海外生産した製品の逆輸入などへと進んでいくことになる。

(3)国家レベル

国内経済が拡大するにつれ，インフレが進行し，国民総生産（GDP）も増加する。産業構造も第２次産業から第３次産業へと高度化していく。それにつれて，国内経済も一層拡大され，次第に国内経済は成熟化していく。国内経済が飽和していく中，海外輸出とその結果としての貿易摩擦の発生とその解決のために，海外経済活動を拡大せざるをえなくなる。その結果，国内経済や労働市場は縮小し，国内財政はひっ迫し，公共投資も減少し，景気回復の特効薬もなくなり，国内経済全体が非経済的支出の方向に向くようになる。

以上のような3者の関係を初期と後期とに分けて考えてみよう。

　①初期——市民—企業—国家の関係は，初期段階では，利害関係が一致しており，一体化していた。つまり企業利益が拡大し，それにつれて市民の賃金も上昇していった。国家も経済成長政策を実施し，さらに企業利益は拡大していった。右廻りの経済活動の渦（いきお）いよく廻っていた。

　②後期——市民—企業—国家の関係は，後期には，次第に，対立関係に陥っていった。市民は，所得が減少し，購買意欲が低下し，支出を減らし，日常品や食料品はできるだけ安く買うという消費者行動が日常化していった。他方，企業は，次第に，高コスト傾向が高まる中，製品市場が縮小し細分化し，企業の収益そのものも減少していった。さらに，技術開発や新製品開発も，技術水準の高まりや資源の高騰，競争激化などにより，高コスト化が進む一方で，海外展開や環境技術の開発も不可避となってきた。国家は，税収の減少による国内財政のひっ迫，高齢化の進化によって健康保険や生活保障費が増加しつつある一方で，ムダの削減やこれ以上の国債発行の阻止などへの圧力なども相まって，3者の対立関係は進行していった。

　そこで，何らかの調整・修正が必要になってくる。3者にとって共通することは，それぞれにムダを減らすこと，甘い汁に群がったり，短期指向に走るのではなく，それぞれに将来を見据えた方向転換が必要である。市民も，自らを律し，長いスパンで将来を見据えた所得の使い方を考えるべきである。市民としては，自らの将来生活のために所得を使うべきであり，しっかりとした生活基盤を築くべきである。われわれとしては，何に価値を見い出すかがポイントである。企業や国家としては，便利さや効率性（合理性）を求めてきた産業構造から，生命（食品・医療など）と地球環境を中心とした構造転換が必要であろう。何が絶対に必要なのかを再度考えることである。

　さて，前述の，後期の段階にある資本主義経済は公私の「混合経済」を端緒とする。そこに登場してくるのが「制度派経済学」である。

　この制度派経済学の特徴的な問題は以下の4点であるという[2]。

① 生産と消費のオープン・システムとしての性格，したがって経済学の範囲についての幅広い視角を強調する。

② 技術変化のダイナミックス・プロセスと循環的な累積的因果関係を強調しつつ，進化的経済に対して関心をもつ。

③ ある種の形態の総対的社会管理や計画化によってのみ，もたらすことができる誘導の必要性の増大に注目する。

④ 経済学は社会的目標や目的を積極的に形成する，規範的な科学でなければならないという認識をもつ。

このような特徴をもつとされる制度派経済学は，後述するように，アメリカ経済学の中核を占める制度経済学の枠組みや方向性を提供する。

現在，わが国の資本主義社会の枠組みや方向性が問われている。これまでに資本主義社会では，右肩上がりの経済成長が当然のこととされてきた。しかし，既存の産業が縮小し，新しい産業の生成が期待されている現在は，過去の枠組みや方向性とは根本的に変えていかねばならない。

まず，原点に立ち返ること，次に，歴史的に同様な経験とそこから生まれた理論に立ち返ることが重要である。

1950年以降の，わが国の資本主義を支えてきたのは鉄鋼・造船産業から電器・自動車産業へ，さらにコンピュータ産業（IT産業）であった。別の視点からみれば，資本主義社会の萌芽期，高度経済成長期，さらに低成長・安定成長期への流れと捉えることもできよう。このうち高度経済成長期を支えてきたのは，他ならぬ「日本的経営」「長期安定的信頼関係システム」である。その根底には，日本独特の「何か」があったとみることができる。

今後，わが国の中心となる産業は何であろうか。それは，環境，エネルギー，食料，医療，看護，介護産業などである。これと関連して，農業・林

---

2) Sigeto Tsuru, *Institutional Economics Revisited*, the Press Syndicate of the University of Cambridge, 1933（都留重人著，中村達也・永井進・渡会勝義訳『制度派経済学の再検討』岩波書店，1999年，160頁）。

業・水産業の見直しも行われよう。これらの産業でも，問題になるのは，生産性や収益性であるが，現段階の技術では，総じて低下する可能性大である。

以下，資本主義社会を形成し，構成する「市民」「企業」「国家」について，詳細にわたって取り上げることにしたい。

1－2 「市民」の生活と生命

資本主義は1つの制度であり，その変化や進化を主題とするのが制度派経済学である。その制度としての資本主義は，1990年前後のわが国では行詰りを見せている。そこで，まず，資本主義社会のもっとも基本的な構成要因である「市民」のレベルから，資本主義社会を見直すことが必要である。市民は，企業や国家の在り様によって，直接的に影響を被る。

わが国では，かつて経済を活性化させるために，規制を緩和し，民営化を推し進め，古典的な資本主義経済手法である自由競争経済を導入しようとした。その結果として格差社会が生まれた。企業が利益を優先させ，無駄を省くという名目で，生産設備の廃棄と同レベルで人員を削減すれば，たちまち従業員は路頭に迷うことになり，国家から補助を受けなければ生活すらできなくなる。市民は個々人は弱者であり，企業や国家が守るべき対象者でもある。

このような不公正や不平等を是正するのが修正資本主義であり，制度派経済学や制度経済学のメルクマールである。今一度，誰のための経済社会なのか？ 誰のための企業社会なのか？ を問い直す時機に来ている。われわれは，モノ・レベルでは確かに豊かになった。しかし，空しさを感ずる人は多い。そこで，もう一度原点に帰って，人間，生命，生活などについて根本から見直さなければならない。

(1)経済の発展と生活の豊かさ

わが国の経済や社会などを1つの動きと捉えるならば，それはモノ代謝か

ら情報代謝へと，さらに現在では生命代謝の時代へと移りつつある。さまざまな活動の中心はモノから情報，さらに生命へと移ってきた。とりわけ，生命に関わる食料，生活環境，医療，介護・看護，スポーツ，自然などに関心の中心が移りつつある。

わが国では，1990年頃まで，経済の発展・成長は，われわれの生活をモノレベルでは豊かにしてきた。

しかし，経済の発展が，必ずしも，われわれの生活の豊かさに繋がらなくなってきた。否，むしろ，われわれの生活が犠牲にされ始めているのではないか。今や経済の発展は，生活環境の問題，食品の危険性，人びとの生命さえ脅かし始めているのではないだろうか[3]。

人間の経済は慣習・文化の中で営まれる。それらは倫理・道徳の基礎をなす。つまり人間の経済は，慣習・文化の中で営まれてこそ，一定の節度と品位が保たれる。しかし，過度の経済発展は慣習・文化を食い潰し，経済の暴走はわれわれの生活を破壊し，貧困を進行させる[4]。

(2) 経済価値から生活価値へ

今求められているのは，経済の復権ではなく，その転換であり，生命・生活の復権である。経済から生活を捉えるのではなく，生活から経済を捉えることが必要である。生命・生活を豊かにすることが不可避である。生活価値とは，人間の存在の意味・価値への問いかけである[5]。

生活価値は慣習・文化の中に見い出される。「未来」は過去にしかない。いわゆる「温故知新」である。「過去」とは「記憶の現在」であり，「未来」とは「想像の現在」である。「現在」に残るのは「私的欲望」だけである。過去の慣習・文化の連続の中にあるのが「現在」である。「人間生存の基盤」

3）佐々野謙治著『ヴェブレンと制度派経済学―制度派経済学の復権を求めて―』ナカニシヤ出版，2003年，5頁。一部加筆。
4）同上書，5－6頁。一部加筆。
5）同上著，前掲書，7頁。

は慣習・文化である[6]。

(3)人間と制度

　古典的経済学における人間は「合理的」「受動的」存在であり，孤立的存在であった。これに対し，進化論的な制度論的経済学では，人間は絶えず行動する存在であり，この人間行動は「習慣・慣習」によって規定される。この「習慣・慣習」は過去から受け継がれたものであり，現在の人間行動を方向づけている。この習慣化された人間行動が「制度」である[7]。

　制度（institutions）とは，基本的には，人間行動が集団行動を規制する習慣・慣習・希望・情緒・目標などで構成され，永続性を志向し，環境に対応し，進化する生きものである。制度はオープン・システムであり，つねに変化する存在である。また，上述の人間は「合理的」「受動的」存在であるといわれるが，近代的経済学における人間は「全人格的」存在である。つまり合理的でもあるし，非合理的でもあり，受動的でもあり，能動的でもある。現実的には，人間は不完全な存在である。人間には制約があり，その制約を克服するために，集団化したり，自らの目的を達成するために組織に参加する。人間は不完全な情報の中で，限界的・合理的な意思決定をせざるをえない。

1－3 「企業」と企業家精神

　資本主義社会の構成要素の2つ目は「企業」である。

　企業家の革新的行動や景気循環を研究・分析したJ. A. シュンペーター（1883－1950）は，企業には2つの意味があるという[8]。

　①企業は経済社会全体を構成する個々の社会的生産プロセスであり，外見

6）同上書，8－9頁。
7）同上著，前掲書，18－20頁。
8）J. A. シュンペーター著，清成忠男編訳『企業家とは何か』東洋経済新報社，1998年，3－21頁を参考に加筆修正。

的には独立しており，自律的で，基本的に自立した，直接的には自分自身の利益のみを追求する単位組織である。このような営利経済に支配される企業は，需要充足経済によっても支配されることから規模的な制約を受ける。他方，企業の自律性（autonomy）は社会全体は私経済的な規制を受ける。

②企業は第1の意味での生産単位，店舗，会社が拠って立つところの事象，すなわち特定の経済主体のなす行為，何を創り出すか，ということである。この意味での企業の主体が企業家（Unternehmer, entrepreneur）である。

以上の意味での企業は，①自律的で私的利潤追求は可能だが，社会から規制を受ける。同時に，企業規模は需要の規模によっても規制を受ける。②企業主体としての企業家によって支配される。

シュンペーターは，企業（enterprise）とは新しいアイディアを具体化する事業を起こすものであり，その中心となって事を行うのが企業家であり，経営（management）とはゴーイング・コンサーン（継続性）の管理を指揮することであるという[9]。

以下において，(1)企業家の機能としてのリーダーシップ，(2)初期の経済発展と経済的リーダーシップ，(3)創造的反応と企業家活動に分けて考えてみよう。

(1) 企業家の機能としてのリーダーシップ

単に，企業を営むだけでなく，企業を創出することによってのみ，企業家の機能が発現される。この企業家の機能とは実際的なイニシアティブであり，何をなすべきかという決定とその決定をどう実行していくかということである。このことはリーダーシップの本質でもある。このリーダーシップの本質を決定づけるものは意志の強さと知的資質（視野の広さ，利発さ等）である[10]。

---

9) 同上著，前掲書，91頁。
10) 同上著，前掲書，25-26頁。

(2) 初期の経済発展と経済的リーダシップ

国民経済は，①人口や生産財（生産設備）の継続的増加，②自然界の異変，社会的変動，政治的介入といった経済に影響を与えるような経済外的事象，③現状の経済生活の中での個々人の新しい可能性の認識とその実現の要求，を所与のものとする。

これらの所与的状況から，次のような経済的リーダーシップの課題が浮かび上がってくる[11]。

① 新しい「生産物」または生産物の新しい「品質」の創出の実現
② 新しい「生産方式」の導入
③ 工業の新しい「組織」の創出
④ 新しい「マーケット」の開拓
⑤ 新しい「仕入先」の開拓

(3) 創造的反応と企業家活動

企業家精神（entrepreneurship）は，主に創造的反応であり，資本主義社会における経済的変化の中核を占める。そこで，この企業家には，次のような2つの反応があるという[12]。

① 適応的反応（adaptive response）――現在雇用している労働力に単に頭脳と人手を追加することによる人口増加への対応など。

② 創造的反応（creative response）――ある企業が既存の慣行を超える何かを行うことなど。

このような創造的反応は企業家としての活動のもっともらしい反応であり，企業家を企業家たらしめるものである。この創造的反応は，シュンペーターによれば，次のような3つの特性をもつという[13]。

---

11) 同上書，31-31頁。一部加筆修正。
12) 同上書，88頁。ここでいうentrepreneurshipは「企業家活動」と訳されているが，本書では「企業家精神」と訳す。
13) 同上書，88-89頁。一部加筆修正。

①事前に，関連するすべての事実を完全に承知することはできない。

②社会と経済状況を恒久的に変化させ，新たな状況を生じさせるものである。

③社会において利用可能な人材の質，特定の活動分野で利用可能な人材と他の分野の人材との相対的な質，個人的決定・活動・活動パターンに関連している。

1－4　「国家」と資本主義の倫理

　資本主義社会を構成する要素の3つ目は「国家」である。制度化が進む近代資本主義社会は，「市民」と「企業」に続き「国家」レベルから見直すことが要求される。市民と企業の協力・相互依存関係によって形成されてきた近代資本主義社会を「国家」レベルで見直すことが必要である。

　以下，さまざまな視点から，資本主義の倫理問題を中心に取り上げたい。資本主義はすべてから解放されている制度ではない。資本主義は自律的ではあるが，社会的存在として，何らかの倫理的な自己規制が求められる。そこで，資本主義の規範，自律化，自由競争市場における倫理・道徳，およびわが国資本主義社会の2つのベクトルについて考察する。

(1)資本主義の規範

　資本主義社会には経済的要求と道徳規範の要求の両者が並存するものと解釈する。後者の道徳規範は，現在だけでなく，将来の人間行動や社会関係を規制するものでもある。

　そもそも，経済は，それ自体としては「道徳から自由」（Moral Frei）ではない。経済は，経済法則によって支配されるだけでなく，人間によっても規定されており，人間の意思と選択の中で，期待や規範，態度や道徳的表象の完全な総体（Ensemble）が作用している[14]。

　近代的資本主義社会における経済は自律的・自己法則的な社会領域となる。「資本主義」という主題の経済学的・社会学的・政治的な側面に対し，

「道徳的」な側面は資本主義に対する議論全体を統合し，それを倫理的に評価することである。そこで，「人間本性と資源の稀少性という条件の下で，資本主義にとってふさわしい善き経済秩序とは何であるか」という問いかけが必要である。「道徳性」は事柄の正当性の度合いである[15]。

(2)資本主義の自律化

資本主義の発達は，本質的な構造的特徴よりも，それらの解放の程度によって識別される。その構造的特徴は，①私的所有，②経済目的としての利潤と効用の極大化，③市場と価格システムを通じた経済活動の調整の3点である[16]。

このように，資本主義の発展の初期段階の基本的特徴のうち，第3の特徴は，市場の需要活動，需要と供給関係などを通した経済活動の調整を意味する。

このように，資本主義の発展は「経済の自律化」ないしは社会的・文化的規範からの「経済関係の解放化」に起因する。この経済の自律化プロセスは，例えばある地域の社会的・文化的精神が個人化・主体化・合理化を促進させることである。ここでいう個人化とは，社会的身分という制約や社会的・宗教的な諸規範による規定から解放されることである。この個人化は主体性への発展の指標である。この主体なるものは自我（das Ich）であり，自分の行為と社会的立場に対する責任の認識である。個人主義の社会学的基礎は「身分」（契約の遂行）と「帰属」（業績への貢献）である[17]。

以上の「経済の自律化」は，経済や社会的・文化的習慣・慣習・宗教など

---

14) P. コスロフスキー著，山脇直司・橋本努訳，「第1部 資本主義の倫理（Ethik Des Kapitalismus）」，P. Koslowski, *Ethik des Kapitalismus*, J. C. B. Mohr, 1995.（P. コスロフスキー著，鬼塚雄丞他訳『新世叢書〔経済学2〕資本主義の倫理』新世社，1996年，13頁）。
15) 同上著，前掲書，11-15頁。
16) 同上著，前掲書，17頁。
17) 同上著，前掲書，20-21頁。一部加筆修正。

といった社会規範からの解放を意味し，経済の自律化が進行すればするだけ，資本主義が発展するという考え方である。

(3)自由競争市場における倫理・道徳

　資本主義は生物的・経済的・文化的なあらゆる個々人の目的を認める。このような個々人の選択は倫理的かつ社会的に媒介されており，「社会的相互作用」と同時に，「個人の倫理的自省(じせい)」の中で形成される。その選択は制度と社会の変化を通じて絶えず変化するものである。資本主義における自由は，（経済活動に対して）不干渉という事実と同時に，価値のカテゴリーを意味する。この自由概念は社会的ダーウィニズムあるいはスペンサー主義や社会進化論を意味するという[18]。

　このような2つの基準，つまり「社会的相互作用」と「個人の倫理的自省」にもとづいて，①資本主義におけるある一定の諸目的の選択（陶太），②資源の最適配分から生ずる分配が行われるといえよう。

　この①選択と②分配は，P.コスロフスキーによれば，資本主義の正当性を明らかにするために研究すべき問題であるという[19]。

　われわれは，主権をもって自由に意思決定し効用を最大化するような経済人（Homines Oeconomici）として世界に生まれてきたわけではなく，むしろ限界的な「経営人」であって，つねに，われわれ身の廻りの世界と社会的な関係集団からの影響にさらされている。われわれは，しばしば「温情主義的」な指導が必要であり，制度や行為を導くさまざまな規範が必要なのである[20]。

　われわれは，つねに孤立して存在できえないし，継続的に勝ち組みでいる

---

18) 同上書，55-59頁。一部加筆修正。Spencer, Herbertの進化の原理は，生物界だけでなく，人間や社会に至るあらゆる事象を貫く。有機体としての社会は各構成員が個性を生かし，その自由と幸福が全体と調和する方向へ進化するというものである。
19) 同上書，71頁。
20) 同上書，79頁。一部加筆修正。

こともできない。なぜならば，継続的に完全な情報を得，完全で合理的な選択をしているわけではないし，他の人びとや組織の助けなしには存在できえないからである。

(4) わが国資本主義社会の2つのベクトル

わが国でも，資本主義の拡大・発展，とりわけ高度経済成長期には，大量生産（フォード・システム，ベルト・コンベア・システム）と大量消費（大量購買）をもたらし，所得分配の平準化・所得水準の向上によって中流所得者層を拡大していった。しかし，経済成長が鈍化し，低成長やマイナス成長になるに従い，消費と消費者の2極分化が進み，格差社会が問題視され，失業者が増加するにつれ，全体的に所得水準が押し下げられ，消費者の低価格指向が拡大・一般化していった。

このような状況において，生産を継続しえないような市場を通じた消費者の製品選択は「非道徳的」と言わねばならないだろう。生産コスト割れの販売は，消費者だけの利益を生み出すだけであって，廻り廻って，製造企業が不利益を被り，赤字に転落し，市場に製品を卸すことができず，従業員の解雇・企業の清算への道を歩まざるをえなくなる。国家レベルでも財政的に打撃を被ることになる。延いては，国家の衰退に繋がっていくことになろう。

そこで，わが国資本主義社会の今後の方向性を分析したい。そこでは，「新自由主義」と「新民主主義」のそれぞれの考え方について検討したい。

わが国では，2000年代初期から中期にかけて「新自由主義」が表出した。経済活動が縮小・均衡化する中で，民営化による自由活発な企業と経済活動による企業の活性化・経済の活性化を促進させ，税収の上昇を経済政策として掲げた。その結果，一部の人びとや一部の企業・産業の取り分が増え，国民・市民レベルでの格差が広がり，政治不信を増幅させ，社会全体が不安定な相互不信の方向に向き始めた。一部の人びとや一部の企業や一部の産業を優遇することは，一国の経済政策としては認められない。それは格差を生み出し，格差を拡大するだけである。

企業などの組織社会においても，極端な高い賃金や優遇政策がとられるならば，反駁や対立が激化するのは必至である。基本的には，わが国は，平等主義や平準化によって，長期的安定を確保してきたのであり，このような文化的・国民的な規範は，急に変わるものではなさそうである。

現代の，わが国の資本主義をより深く理解するために，以下において，「新自由主義」と「新民主主義」とに分類し，その特徴をまとめたい。

①「新自由主義」——規模拡大・拡張路線をとり，右肩上がりの経済成長を目標とする。画一性，統一性を重視する反面，各個人の能力や成果を重視する。勝ち組，負け組（格差）を容認する。失敗した場合には，自己責任が追及される。利己主義が広がり，ますますその傾向が強まる。

②「新民主主義」——中小規模を指向し，相互協力を重視するが，必ずしも，右肩上がりの経済成長を目標としない。多様性・変化性を重視するとともに，成果よりも行動プロセスを重視し，個々人の能力を活用する方向を模索する。各個人を区分することよりも，できる限り，公平・公正に調整しようとする。失敗した場合にも，敗者復活を認める。個人主義とともに集団主義を重視する。

2 「企業社会」の分析と修正

ここでいう「企業社会」とは，ひとつの企業にとって利害関係をもち，企業経営を行う場合に，環境構成主体として認識しておく必要がある集団・組織・システム・制度との相互取引・相互依存関係を通じて形成され，その時々で社会的・客観的に認知されている社会である。ここでいう環境構成主体とは，従業員および労働組合，顧客および消費者，出資者，納入業者，金融業者，地域住民，研究機関，競争業者，地方自治体，政府などである。この関係については，図表Ⅰ-2　企業社会—企業と環境構成主体の誘因と貢献を参考にされたい。

図表 I-2 企業社会—企業と環境構成主体の誘因と貢献

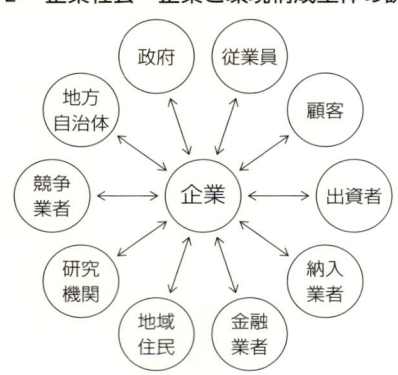

　この第2節では1．企業社会の変遷，2．現代の企業社会の3層構造について考察する。

2-1　企業社会の変遷

　本項では，わが国の資本主義の発達と企業の進化，さらに企業社会の変遷とを相互関連的に捉えることにしたい。

(1)資本主義の発達と企業進化

　わが国では，戦後，資本主義の発達に伴って，企業自身も進化してきた。その関係は，以下のようにまとめることができよう。

　①元来の資本主義——大量生産・大量販売とコスト低減による市場の巨大化・寡占化を目指す。

　資本的私企業（1950年代以降）——利益第一主義・生産第一主義・経済成長至上主義にもとづいて，企業利潤の極大化や巨大化，寡占化を目指す。

　②修正資本主義——急激な資本主義の拡大によってインフレの極端な進行，物価の急激な高騰，賃金の急激な上昇，急激な市場の拡大，公害問題の発生，急激な市場の拡大についていけない技術革新，環境構成主体の反発など，さまざまな問題が発生する中，環境構成主体とりわけ国家（政府），地

方自治体，地域住民，消費者などからの反発が，企業活動そのものの制約要因となって表面化する。そのような対企業と環境構成主体が修正資本主義を生成していく。このような修正資本主義は資本主義・国家主義・多元主義の融合した「利益集団自由主義」が基本的・公共的哲学である。ここでは多数決民主主義が一般的である。

　制度的私企業（1960－1970年代）――社会の一制度として，その地位の維持のために自己規制を行うレベルに到達した企業であり，公私混合企業ともいえる。

　③民主資本主義――個やマイノリティ重視の自由主義・民主主義を内包する。そこでは，各個人の主体・自由意思が尊重される反面，各個人が能力主義と成果主義にもとづいて判断され，主に個人ベースでの責任が問われる。また，各個人の能力を発揮する機会が多く存在する反面，新時代にふさわしい能力を持つものと持たないものとの格差が開き，ひとつの不平等や社会的不公正が生ずることにもなる。ベンチャービジネスや小規模企業が生まれるチャンスでもある。

　制度改革的私企業（1980年代以降）――人間主義，市民主義，環境主義にもとづいて経営されることが期待されている企業であり，既存の制度を改革していくことが期待されるレベルの企業であり，その改革の結果として，当該企業は「存続と成長」をなしえる。

(2)企業進化と企業社会の変遷

　前述のような①資本的私企業（1950年代以降），②制度的私企業（1960－1970年代），制度改革的私企業（1980年代以降）への展開に対応して，企業社会は，次のような4期に区分されよう。

　①企業社会Ⅰ（1960年代）――企業主導型社会

　戦後の高度経済成長期（－1972年），国民所得倍増計画（1960年），公害対策基本法の成立（1967年）。

　近代市民社会の理念を貫く根本的な論理は「個の論理」あるいは「私の論

理」である。そこで資本主義的経済活動の主体的存在としての私人・私企業は「私的自治」の原則に依拠し，飽くなき私的私潤追求を志向した。他方，近代国家は，自由な私的経済活動に対し，直接的・積極的には介入しないという自由放任主義が建て前であった[21]。

②企業社会Ⅱ（1970-1980年代半ば）――政府と企業主導型社会

ドルショック（ドル防衛策の実施1971年）とその後の変動相場制への移行，政府主導の外交政策（日中国交正常化1972年）の活発化，政府・地方自治体の大型イベント・大型投資，政財界の相互依存体質の強化，第一・第二次オイルショック（1973年・1979年）。

わが国では雇用機会の確保や経済的・物理的な意味での国民生活の向上といったタテマエの部分で，政府と企業の利害が一致することから，政府は企業や産業界に対し積極的に関わってきた。政府主導による，海外企業に対抗した国内産業の再編・育成などといった，いわゆる「日本株式会社論」が展開されてきたのである。

わが国企業は，アメリカ型の大規模化や巨大化の進行によって，環境構成主体の拡大・多様化および経営管理技術の複雑化・高度化に伴って，高度な専門的知識や経営管理技術を要求される専門経営者が出現した。この企業の主体としての専門経営者は当該企業の活動範囲の拡大・環境構成主体の多様化やインパクトの増大によって公人化が要求され，公人としての行動が期待されるようになった。同時に，企業にも社会性・公共性が要求される社会制度化が進行し，大企業の経営者と政府の関係も一層緊密なものとなっていった。

このように，第2次世界大戦後の高度産業社会には，①巨大私企業における公と私の不分明性，つまり私企業の機能における社会性・公共性の増大が

---

21) 木村尚三郎著『歴史の発見―新しい世界史像への提唱―』中央公論社，1987年，26頁。

もたらされた，と同時に②経営者と高級官僚との積極的提携が進行していった。

③企業社会Ⅲ（1980年代半ば－1990年代半ば）――政府主導型社会

政府による管理貿易の進行，行政大綱（「小さな政府」1985年），民営化の進行（「規制緩和」1985－1987年），バブル期（1987－1990年），社会全体の方向性の喪失。

④企業社会Ⅳ（1990年代半ば以降）――国民主導ネットワーク型社会

既存の組織や管理の時代の終焉，個人主義と自由主義にもとづいた能力主義や自由競争を原理としたネットワークおよびボーダレス社会，IT革命の進行などとも相まって，安定的な組織社会から，漸次的に，柔構造をもったネットワーク型社会へ移行。個人主義の台頭によって，自らの社会や自然環境への関心も高まりつつある。

2－2　現代企業社会の3層構造

　前述したように，企業が進化しているかどうかの客観的判断基準は，人間主義・市民主義・環境主義にもとづいて経営がなされているかどうかである。この3つの考え方は「企業理念」を具体化する基礎要因でもある。当然ながら，このような3つの考え方にもとづいて経営がなされているかどうかを判断・評価するのは，実に，さまざまな環境構成主体である。また，これら3つの考え方は，現代企業社会の3層構造のそれぞれの組織構造を形成する。それは，組織社会（第Ⅱ章），制度社会（第Ⅲ章），ネットワーク社会（第Ⅳ章）であり，それぞれの各章で扱う。

　先の3つの考え方と現代企業社会との関係は，図表Ⅰ－3のようになる。現代企業社会は「組織社会」「制度社会」「ネットワーク社会」によって構成される。それは，図表Ⅰ－4のようになる。このうち，ネットワーク社会形成への動きが非常に活発である。

図表 I-3　現代企業社会の3要素

図表 I-4　現代企業社会の3層構造

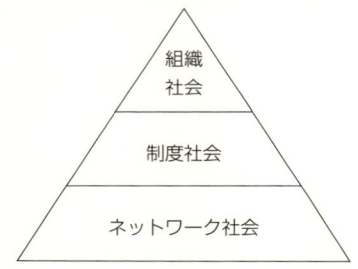

3　企業組織社会の崩壊

　現代企業は，ひとつの独立体であり，反面，社会の一員として，社会との有機的関係にある。換言すれば，オープン・システムである。本節では，企業を人びとの調整された諸力の集合体として，企業という組織を構成する相互依存関係にある人びとの集合体として考え，「和」をなす組織社会を中心に取り上げたい。

　本節では，わが国の文化的・特徴的な「組織社会」という視点から，分析および見直しを試みる。したがって企業組織社会について，1．組織論的視

点と，2．日本的雇用システムの視点から考察する．

3-1　機械概念と有機体概念

　資本的私企業のレベルでは，資本主義自体，生成期から初期の安定的な成長期にあり，同様に，市場も拡大傾向にあり，当該産業自体も生成期にあるため，企業をひとつの機械やクローズド・システムとして捉え，生産とその生産の効率化を考えれば良かった．しかし，資本主義が拡大・発展し，産業自体も成長期から成熟期に向かうに従って，市場の要求する製品や消費者の求める製品の開発・販売を指向するようになる．つまりベクトルが生産→販売から，生産↔販売へと転換したのである．元来の自由競争を原理とした資本主義に裏打ちされた「資本的私企業」は，クローズド・システムであり，社会とは相互関連の薄いひとつの機関（organ）であった．

　これに対し，「制度的私企業」はオープン・システムであり，有機体（organism）である．この制度的私企業は，その背景に制度維持論が位置づけられ，「存続と成長」（survival and growth）をその最終目標とする．このレベルでの企業では，さらに，経営者も機関化されており，フォードのベルト・コンベア・システムを導入し大量生産を可能にしており，経営者グループの主要な役割は経営戦略にあり，企業の社会的責任（CSR）が公共的な議論となっていることである．この制度的私企業のレベルでは，市場の需要変動や消費の多様化などによって，環境がアンバランスな状態となりうるが，まだ右肩上がりの経済成長が仮定されており，そこで新製品開発・新市場開発や事業多角化の経営戦略によってバランスを保つことができた．

　今日のような経済規模が縮小し，市場が細分化・多様化している状況における安定化策は，企業を分社化し，一製品・一市場・一技術が可能な企業規模で，かつネットワーク化によってフレキシブルに変化に対応する以外に方策はないのかもしれない．この企業間ネットワークに参加するユニットは，自立性・自律性・独創性をもつことが要求され，コアーとなる技術をもつこ

とが要求される。対立的・競争的企業間ネットワークでは生き残ることが当面の目標となる。そこで、共生的・共創的企業間ネットワーク化が期待される。

このようなレベルにある企業を著者は「制度改革的私企業」と呼ぶ。このレベルの企業は、民主資本主義に裏打ちされており、その背景には制度改革論が位置づけられる。

3－2　日本的雇用システムとその変遷

日本的雇用システムは、戦後の復興をスムーズに行うために、政府が主導してコンサルタントなどを通じて制度化されたといわれる。戦後復興のために、労使一体化をはかり、一方で企業の業績を上げ、他方で社員の賃金や福利厚生の充実を目指して慣習制度として生成された。この日本的雇用システムの「3種の神器」といわれるものを中心に取り上げたい。

①器としての「企業内組合」、そこから導き出される企業内長期教育と企業内福祉——労働者を企業に一体化させる制度。

②中身としての「年功序列賃金・昇進制度」——年齢差を越えた従業員間の対立を回避する制度。若年労働者には賃金水準を低くし（修業期間）、支出が増える中高年労働者には賃金のカーブを急にし生活を安定させようという制度。

③継続としての「終身雇用・退職金制度」——労働者に退職までの目標をもたせ、モラール（士気）を継続するための制度。

これらの日本的雇用システムは、①愛社精神と組織内部の団結力（集団力）を向上させ、続いて、②QCサークルの実施の可能性を向上させる。さらに③安定した企業の生産性・品質・収益性の確保・維持を確かなものにし、その結果、④企業の「存続と成長」を達成することができる。

以上のような結果を導き出すとして、高く評価されてきた日本的雇用システムを取り巻く環境が近年変わり始めた。つまり日本的雇用システムは、経

済成長や企業成長がある水準を保っている場合には，右肩上がりの年功序列賃金や昇進制も可能だった。企業内教育や福利厚生も労働者の途中退社などが少なく，右肩上がりの成長がある程度確保されていれば可能だった。企業側の利潤が低下すれば，まず福利厚生費をカットし，次に教育費をカットすることになる。企業内教育費をできるだけカットするために，即戦力となる若手を採用しようとする。経済成長や企業利益が右肩下がりになれば，早期退職者を募ったり，新人の採用を控えるようになり，若年労働者と高年齢労働者との対立関係も表面化してくる。さらに労働者と企業との間の相互信頼関係も徐々になくなり，小さなパイの取り合いになり，企業内ばかりではなく，企業社会全般に不信と対立が常規化してくる。若年労働者を中心に，企業社会から自立し，自律化することになる。つまり労働力の流動化が加速することになる。企業側も専門職化（仕事の個人化・独立化）を求めることと相まって，能力主義や成果主義が浸透すればするほど，労働市場は流動化を加速する。しかし企業側と労働者側の対立は何も生み出さない。前述した対立の構図は，双方にとってマイナスであり，一部の強者（？）とされる支配者のみが利するだけであり，多くの人びとは不満と不安を抱きながら日常生活を送ることになる。その不満と不安が，さらに弱者に向けられ，子供や老人への虐待などという形で顕在化してくる。

　日本的な雇用システムが弱体化すればするほど，①長期的・未来的思考の喪失，②安定的思考の喪失，③人と人，人と組織との相互信頼関係の喪失，そして，結果的に④社会に対する不信感・不安感の内部化，などが浸透していくことになる。そこで，もう一度，日本的雇用システムの見直しをしようというのである。

第Ⅱ章
人間主義と「組織社会」

　前章では、わが国の現代社会について、資本主義社会、現代企業社会、組織社会の視点から論じてきた。本章以降では、現代企業社会に焦点を絞り、以下の3つの視点から考察する。

　あらゆる現代企業社会は、人間主義、市民主義、環境主義という3つの視点から見直す必要がある。それらは、1つ1つのイデオロギーであるとともに「組織社会」「制度社会」「ネットワーク社会」を創出する規範でもある。これらを現代企業社会の「3層構造」と呼ぶことにした。

　いかなる社会においても、近代的社会科学の研究は、特に1930年代以降、人間そのものの研究から始まる。人間は能力的には限界があり、そのような人間が追求する合理性にも限界がある。人間は自らの信念にもとづき、主体的ではあるが、限界的状況の中で選択幅を狭め、意思決定をし、選択する。反面、人間は限界的であるからこそ、集団化し、組織化し、相互に助け合い、能力を発揮し合うのである。人間の本質的で、単純な姿である。このような考え方は、近代的組織論の原点でもあり、日本的経営にも通ずるものでもある。

　C. I. Barnard（1886-1961）は、基本的フレームワークや基本的用語、とりわけ人間論や経営戦略論に関わる箇所について、J. R. Commons（1862-1945）から摂取した。Barnardは、客観的で限界的な人間研究を出発点とし、個人と協働システム（coöperative system）、組織・組織構造、経営管理・経

営管理責任の各理論を展開していった。

　これらのうち，未来的・理想的・道徳性の創造を主たる内容とする経営管理責任については，第Ⅴ章第2節の「制度社会」の倫理と道徳の箇所で取り上げることにしたい。

　本章では，1．人間の3つの要素と4つの特性，2．個人と協働システム，3．組織と経営管理などについて論ずることとしたい。

1　人間の3つの構成要素と4つの特性

　人間について研究することは，生物学や生態学だけでなく，あらゆる社会科学にとっての出発点をなすものである。人間は，物的・生物的・社会的（人間有機体としての）構成要素からなる。同時に，人間は，活動や行動，心理的要素，制限的選択力，先の3つの特性の結果としての目的という4つの特性をもつ。人間の3つの構成要素と4つの特性については，図表Ⅱ-1を参照されたい。

1-1　人間の3つの要素

　人間は，次のような3つの構成要素からなるという[1]。

　①物的な（physical）側面——人間は個別的な物体か物的要素の一側面をなす。

　②生物的（biological）側面——人間は変化への適応力や内的均衡を維持する能力をもつことから，したがって継続性（continuity）さらに過去の経験を活かして適応の性格を変える経験能力（capacity of experience）を有する。

　③社会的（人間有機体〔human orgunisms〕的）側面——人間は，その有機体間の関係つまり人と人との社会的関係をもつ。

　このように，独立した，孤立した一個人としての人間は①物的要因，②生

第Ⅱ章 人間主義と「組織社会」 | 29

図表Ⅱ-1 人間の3つの構成要素と4つの特性

（図：中心に「人間」、その周囲に「社会的要因」「物的要因」「生物的要因」「心理的要因」、外周に「目的」「活動・行動」「制限的選択力」）

物的要因，③社会的要因の合成物より成り立っている。ここで注目すべき点は，以前の機械人仮説や機械といったニュートン・イズムや物理学的な考え方にもとづく，閉鎖的で繰り返しの動きを中心に捉える考え方ではないということである。人間を生物的側面をもつ，つまり人間は変化への適応力，内的均衡を維持する能力，継続性，経験能力などを有するとした点である。

バーナードは，後述するコモンズと同様に，自由意思や思考プロセスを人間を理解するうえでの中心概念に据えたことから，近代的経営管理論の特徴を有するということができる。

1-2 人間の4つの特性

他方，人間は，4つの特性つまり①活動ないし行動，その背後にある②心理的要因と③制限的選択力，それらの結果としての④目的をもつ。「人間」は物的・生物的・社会的要因の結合したひとつの活動領域（例えば，材料を使って製品加工を行うといった作業）を構成する限り，（組織に参加する「個人」の）自由意思や決定能力には限界がある。したがって思考プロセス

---

1) C. I. Barnard, *The Functions of the Executives*, Harvard University Press, 1938, pp.10-11.（C. I. バーナード著，山本安次郎・田杉競・飯野春樹訳『新訳　経営者の役割』ダイヤモンド社，1968年，10-12頁）。

としての意思決定プロセスは，意思力を行使しうる選択条件を限定することであり，目的の設定・目的への到達を意味する[2]。

2 個人と協働システム

普通に生存する人間には，視野・視界，理解度，判断力，決断力，学習能力などといった能力面での限界がある。したがって，何か信念と目的をもって事を起こそうとする時に，多少なりとも能力の限界を認識することになる。このような能力に限界があるため，絶対的なるものや完全な合理性を追求することはできない。人間は「限界的な合理性」（H. A. Simon）の壁を越えることはできない。これは，経営学が現実的・プラグマティックな学問であることの証左でもある。

反面，C. I. バーナードがいうように，人間は限界的な能力しか有しないがゆえに，他の人間と協働関係を結ぼうとするのである。これが後述する協働システム形成の基盤となる。

本節では，個人と全体，協働システムの生成について取り上げる。

2−1 個人と全体

バーナードは，協働システムから間接的影響を受ける範囲にある人間として独立した個人と，協働システム内にいて協働システムから直接影響を受ける個人とを扱う。前者は一般の人や消費者であり，後者は従業員や顧客を意味する。

ここでは，個人の2つの側面，有効性と能率，目的，個人主義と全体主義について取り上げる。

(1) 個人の2つの側面

---

2) C. I. Barnard, *Ibid.*, pp.13−14.（邦訳13−15頁）。一部加筆修正。

現代社会に生きる人びとの多くは企業などの組織（バーナードのいう協働システム）に所属する。したがって，独立した個人（individual）としての側面と組織（協働システム）の一員としての個人としての側面を有することになる。

個人は，次の２つの側面をもつといわれる[3]。

①協働システムの外部者・客観的側面
②協働システムの参加者・機能的側面

(2) 独立した，孤立した個人の個人的行為の分類

協働システム外にある独立した，孤立した個々人的行為は，次の２つに分類できる[4]。

①有効性（effectiveness）——各個人のもつ自らの動機を背景とする目的が達成された場合で，個人目的の達成度。

②能率（efficiency）——自らの目的が達成され，自らに満足を生み出す場合で，個人の（心理的）満足度。

(3) 独立した，孤立した個人が求める目的

それは，次の２つに分類される[5]。

①物的な目的——物理的な生活環境など。
②社会的な目的——他の人びととの接触，相互関係，コミュニケーションなど。

(4) 個人と協働システムの哲学

この個人と協働システムの哲学は，次のように分類することができる[6]。

①個人の選択の自由や意思の自由を認め，個人を独立的な存在とし，物的，社会的環境を２次的付随的条件に押し下げる哲学。つまり選択や自由意

3）*Ibid.*, p.16.（邦訳17頁）。
4）*Ibid.*, pp.19-20.（邦訳20-21頁）。一部加筆。
5）*Ibid.*, p.20.（邦訳21頁）。
6）*Ibid.*, pp.21-22.（邦訳22-23頁）。

思を重視する個人主義の哲学であり,「目的」という言葉で表現される。

　②人間行動を普遍的な諸力の表現と説明し,個人を単に受動的なものとみなし選択の自由を否定し,組織とソーシャリズムを基本的な立場とする哲学。決定論,行動主義,ソーシャリズムを重視する全体主義の哲学であって,「制約」という言葉で表現される。

　これらの哲学は「個と全体」「自由（目的）と制約」という考え方を基本とする,2分法や弁証法と呼ばれるものである。

2－2　協働システムの生成

　協働に参加する人びとには,それぞれ個人的目的をもっており,その目的達成のための制約が存在する。もし克服されるべき制約がなければ,協働は成立しえない。その制約とは,生産財や原材料といった「物的制約」,生産物や生産システムさらにマーケットなどに関する知的能力といった「生物的制約」,各人がそれぞれにもっている能力がシステムとしてうまく組み合わせができないといった「協働的制約」などである。これらの制約が協働を惹起させるのである。

　ここで取り上げる協働システム（現存する組織）は,その生成との関係で,次のような課題を取り上げる。つまり物的環境への適応と生物的要因,協働システムの不安定性とその克服,および協働システムの有効性と能率について考察することにしたい。

(1) 物的環境への適応と生物的要因

　物的環境に適応する場合の,生物的要因である個人の「才能」とか「能力」つまり肉体的適応力,感覚力,知覚力,記憶力,想像力,選択力などを克服するための協働には,次のような場合が考えられる[7]。

　①集団力,仕事の速さ,短期的継続性,肉体的適応力の面で有効とされる

---

7) *Ibid.*, pp.27－30.（邦訳28－32頁）。一部加筆修正。

「同時的協働」
　②かなり長期的継続性の面で有効とされる「継続的協働」
　③複雑な状況を把握するために有効とされる「観察的（監視的）協働」
(2) 協働システムの不安定性とその克服
協働システムの不安定性の原因は，以下の要因である[8]。
　①物的環境の変化
　②協働システム内の適応
　③経営管理プロセスの不確定
　④可能性の変化に伴う行為目的の性格の変更など
　これらの不安定性に対しては継続的適応が不可欠であり，適応プロセスを専門に行う経営管理者と経営管理組織が必要となる。
(3) 協働システムの有効性と能率
　経営管理組織による協働システムを機能化させる実際的基準は「有効性」と「能率」である。
　以下において，協働システムの「有効性」と「能率」について概観する[9]。
　①協働システムの「有効性」——協働行為の目的の達成度。
　②協働システムの「能率」——協働システムのメンバーとしての努力を提供する各個人の満足度の集合。各個人は協働的な努力の継続，つまり各個人の努力と満足のバランスの維持をはかろうとする。
　直接的に各個人が満足を得るためには，協働システムが得た成果の分配と，各個人の動機やモラール（士気）の改変による以外にはない。各個人の満足度が高まれば生産性も向上する。
　このような「有効性」と「能率」の確保によって，協働システムは当面の「存続と成長」をなすことができよう。さらに，協働システムが未来性を確

---

8) *Ibid.*, p.35.（邦訳36-37頁）。
9) *Ibid.*, pp.55-56.（邦訳58-59頁）。一部加筆修正。

保するためには，倫理・道徳準則の創造という経営管理責任を遂行することが不可欠である。夢や希望は協働システムに未来性を付与する。この点については，第Ⅴ章第2節で考察する。

3　組織と経営管理

本節では，バーナードの制度経営学の中心的課題である協働システム，組織，経営管理職能，意思決定，さらに経営戦略について取り上げる。

3-1　協働システムと組織

システムとは，生物学的には全体性と相互依存性という特徴をもつ。社会学的には，さらに目的性という特徴が付与される。したがって社会科学におけるシステムとは，全体性，相互依存性さらに目的性という特徴をもつ。

本項では，協働システムの定義，組織の定義，協働システムと組織について取り上げる。

(1)協働システムの定義

「協働システム」（coöperative system）は少なくともひとつの明確な目的のために2人ないしはそれ以上の人びとが協働することによって，特殊なシステム的関係にある物的，生物的，個人的，社会的構成要素の複合体である[10]。

このような「協働システム」とは，つねに動態的なものであり，物的，生物的，社会的な環境全体に対する継続的な再調整のプロセスである[11]。

さらに，協働システムを，社会的創造物であり，・生・き・物であると定義づける[12]。

---

10)　*Ibid*., p.65.（邦訳67頁）。
11)　*Ibid*., p.59.（邦訳61頁）。
12)　*Ibid*., p.79.（邦訳83頁）。

以上のような定義づけのなされる協働システムは，現実に存在し，その形態は企業や政府，学校，教会，共同組合など多様である。同時に，周りの環境変化に対応し，つねに動態的に変化しつつあるプロセスでもある。この協働システムは社会的存在であり，1つの制度であり，動態的に変化することによって，生存する生き物である。

かくて，制度経営学は，現存する協働システム（例えば企業）を研究対象とし，その実践的概念としての「経営すること」を内容とする。器としての協働システムを研究対象とし，その経営を中身とするのである。

(2)組織の定義

「組織」（organization）は協働システムの中のひとつのシステムであり，2人以上の人びとの協働という言葉のうちに含まれているシステムである[13]。「組織」とは協働システムのすべてに共通な特定の側面，または部分の中の斉一性である[14]。さらに「組織」とは（目的達成のために）意識的に調整された人間の諸活動や諸力のシステムである[15]。目的的な調整システムであるといえよう。

(3)協働システムと組織

動態的（実在的）な協働システムにみられる①物的環境や社会的環境にもとづく多様性，および②人間そのものあるいは人間がこのようなシステムに貢献する基礎に由来する多様性（変化性，ダイナミック性）を排除した側面，あらゆる協働システムに共通する協働システムの一側面が，（一般的・抽象的・静態的）組織概念である[16]。

このような関係にある2つのシステムは，次のように概念化される[17]。

---

13) *Ibid.*, p.65.（邦訳67頁）。
14) *Ibid.*, p.65.（邦訳68頁）。
15) *Ibid.*, p.72.（邦訳75頁）。一部加筆修正。
16) *Ibid.*, pp.72-73.（邦訳75頁）。一部加筆修正。
17) *Ibid.*, p.73.（邦訳75頁）。一部加筆修正。

①「協働システム」——その構成要素が，物的システム，生物的・人間的システム，社会的・心理的システム，および組織からなる包括的なシステム。

②「組織」——協働システムの部分であり，調整された人間活動からなるシステム。

前述のように定義づけた協働システムにおける人びとは，自らの意思で，協働システムに参加し続けるかどうか，どれだけ貢献するか否かといった個人的決定をすることが可能である。これに対し，組織では，すべての人びとが共通目的達成のために，むしろ組織的決定が主たるものとなる。

このような組織概念は，協働システムが現実的で動態的であるのに対し，一般的で抽象的で，変化しない組織概念は，現実を分析する手段となりうる。

以上のような協働システムと組織の関係は，図表Ⅱ-2のようになろう。

このような協働システムを組織化することは，目的達成に向かって，その方向にすべての要因を収斂(しゅうれん)させることであり，収斂させる原動力となる組織が経営管理組織である。

3-2　組織と経営管理職能

協働システムは，自ら現実的で，不確実で，多様で，変化するが，そのよ

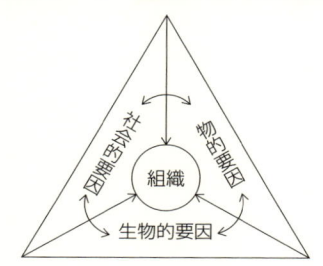

図表Ⅱ-2　協働システムと組織

うな協働システムの有効性と能率を高めるために「経営管理組織」が不可欠であり，経営管理組織が機能化することによって，協働システムは「存続と成長」という継続性を確保することが可能になる。この有効性と能率を確保し，存続と成長という結果を得るために機能するのが経営管理組織（経営管理者の機関）であり，物的，生物的，社会的要因のすべてが存続と成長に収斂された一般的・抽象的・静態的「組織」を形成する原動力である。

先の「経営管理組織」は協働システムの中心的・上位概念である。この経営管理組織を含む「2人またはそれ以上の人びとの意識的に調整された，つまり有効性と能率を達成し，存続と成長をなしえるように調整された活動や諸力のシステム」が「公式組織」(formal organization)である。現実に存在する協働システム（例えば企業）は，有効性と能率を高めうるように仕事や意思決定を細分化し，専門化し，組み合わせた公式組織（例えば組織構造）を形成する。この公式組織は，あらゆる協働システムの斉一的，一般的，抽象的部分としての組織概念である。

この組織構造とは，職位や職務に関連したフォーマルな意思決定ルートの組み合わせを表わしたものである。経営管理組織は当然ながら公式的性格を有する。このような特徴をもつ経営管理組織は，実在するあらゆる協働システムにとって共通するものであり，一般的・抽象的なものであり，適用可能なものである。

以上，議論してきたことから，バーナードの「協働システム・組織・経営管理職能」について体系化しておきたい。図表Ⅱ-3を参考にされたい。

ここでは，次のような諸問題を扱うことにしたい。つまり組織の成立と存続，公式組織と非公式組織，経営管理職能について取り上げたい。

(1) 組織の成立と存続

組織が成立するには，①相互にコミュニケーション（意思疎通）できる人びとがいること，②それらの人びとは行為を貢献しようという意欲をもっていること，③共通目的の達成を目指すこと，といった3つの条件を満たす必

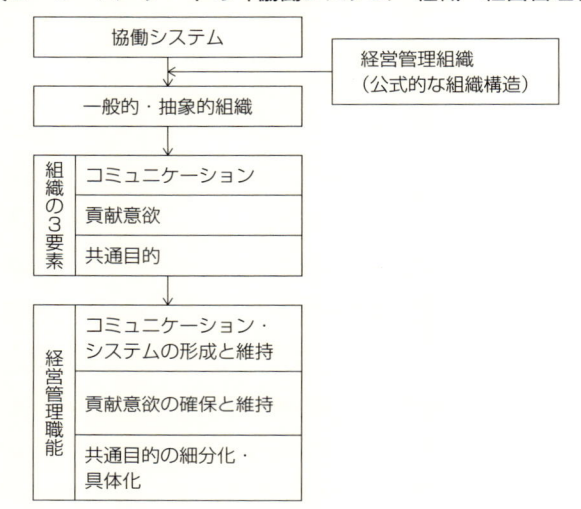

図表Ⅱ－3　バーナードの「協働システム・組織・経営管理職能」

```
┌─────────────────┐      ┌─────────────────┐
│   協働システム   │←─────│   経営管理組織   │
└────────┬────────┘      │ (公式的な組織構造)│
         ↓               └─────────────────┘
┌─────────────────┐
│  一般的・抽象的組織  │
└────────┬────────┘
         ↓
   ┌──┬──────────────────┐
   │組│  コミュニケーション  │
   │織├──────────────────┤
   │の│     貢献意欲       │
   │3 ├──────────────────┤
   │要│     共通目的       │
   │素│                    │
   └──┴────────┬─────────┘
              ↓
   ┌──┬──────────────────┐
   │経│ コミュニケーション・ │
   │営│  システムの形成と維持│
   │管├──────────────────┤
   │理│  貢献意欲の確保と維持│
   │職├──────────────────┤
   │能│  共通目的の細分化・ │
   │  │      具体化        │
   └──┴──────────────────┘
```

要がある。したがって，組織の成立条件は①コミュニケーション，②貢献意欲，③共通目的をその時の外部事情に適するように結合するかどうかにかかっている[18]。

　組織が存続するには，そのシステムの均衡を維持しうるか否かにかかっている。その条件は以下のようにまとめることができる[19]。

　①第１次的条件――内的なもので，（物的・生物的・社会的要因などの）各要素間の釣合いの問題である。

　②究極的・基本的な条件――このシステムとそれに外的な全体状況との間の均衡の問題であり，ⓐ組織の有効性，つまり環境状況に対して組織目的が適切か否かの問題，ⓑ組織の能率，つまり組織と個人との間の相互交換の問題という，２つの条件を満たすことが求められる。

---

18) *Ibid.*, p.82.（邦訳85－86頁）。
19) *Ibid.*, p.83.（邦訳86頁）。一部加筆修正。

ここでいう組織の有効性とは共通目的の達成度，能率とは各個人の満足度と理解する。この点については，すでに述べたところである。

(2) 公式組織と非公式組織

「非公式組織」(informal organization) は個人的な接触や相互作用の結合，および人びとの集団の連結であるが，不明確なものであり，決まった構造をもたず，はっきりとした下部単位をもたない，さまざまな密度をもった形のない集合体であるという[20]。

これに対して「公式組織」(formal organization) は全体社会の明確な構造素材であり，それによって個人的な結合関係が継続性を保ちうるに十分な一貫性を与えられる支柱である[21]。

公式組織は公式制度を生み出し，非公式組織は非公式制度を生み出す。公式制度によって規定される行為は相対的に極めて論理的である。それに対して，非公式制度によって規定される行為や習慣は無意識的で非理性的である[22]。

非公式組織は個人的であり，趣味的・性格的要素をもつ。気の合った仲間どうしで飲みに行ったり，旅行に行ったりするというものである。そこでお互いの理解が深まり，友人関係を深めたりする。それは非公式組織を越えた枠外での関係をつくり出すことにもなる。非公式組織は公式組織内に限定される場合もあるが，公式組織外にまで拡張され，新しい公式組織を生み出す場合もある。

公式組織における非公式組織の機能は，次の3点に集約される[23]。

① コミュニケーション機能

② 貢献意欲と客観的オーソリティ，つまり公式組織の凝集性を維持する機能

---

20) *Ibid.*, p.115.（邦訳120−121頁）。
21) *Ibid.*, p.119.（邦訳125頁）。
22) *Ibid.*, p.116.（邦訳121−122頁）。

③自律的人格保持の感覚，つまり自尊心および自主的選択力を維持する機能

非公式組織は組織や組織社会における潤滑油のような役割を果たしている。

全体社会においては，公式組織化が進めば進むだけ構造化が進行し，全体社会の凝集性が高まり，公式組織は非公式組織によって活気づけられ，条件づけられる。逆に，ほぼ完全な個人主義および無秩序な状態は，公式組織によって構造化される[24]。このような理解は，社会に存在するあらゆる事象の組織化・管理化を進行させる。

(3)経営管理職能

経営管理職能は，一般的・抽象的・静態的組織の3要素から導かれたものであり，次の3つの職能からなる。導かれるということは，経営管理職能を完璧に遂行すれば，一般的・抽象的・静態的組織に到達できるということである。

(第1の経営管理職能) 管理者のコミュニケーション職能であり，コミュニケーション・システムの形成と維持

この職能によって形成されるのが「組織構造」であり，次のように分類することができる[25]。

①公式的コミュニケーション・システムに関連するもの

　ⓐ公式組織の組織職位の規定，つまり各単位組織 (unit organization) での地理的・時間的・社会的・職能的専門化

　ⓑ公式組織の組織職位の管理者の誘因と貢献，つまり適当な資質をもっ

---

23) *Ibid.*, p.122.（邦訳128-129頁）。客観的オーソリティとは，発せられた権威によって拘束される側がその権威を受容しなければ権威は機能しえないというものである（「権限受容説」）。
24) *Ibid.*, p.120.（邦訳125-126頁）。
25) *Ibid.*, pp.218-219, p.223.（邦訳229-230頁，234頁）。

た経営管理者の採用と，有効な経営管理活動と認められるような誘因・刺激・説得・権威の展開をさせること
②非公式的コミュニケーション・システムに関連するもの
　ⓒ必要欠くべからざるコミュニケーションの手段としての非公式管理組織の維持，つまり非公式管理組織を維持するには，経営管理者間の調和という全般的状態が維持されるように運営し，管理者を選択し，昇進させること

このような職能を遂行する管理者に要求される資質や能力は以下のようである[26]。
①忠誠心（loyalty；組織人格による支配），責任感（responsibility）および組織人格（organization personality）に服従する能力（帰依）
②より特殊な個人的能力
　ⓐ一般的能力，つまり機敏さ，興味の広さ，柔軟性，調整能力，平静さ，勇気など
　ⓑ専門的な能力，つまり教育や訓練，実際の作業ラインで得られる能力
（第2の経営管理職能）貢献意欲の確保と維持，すなわち組織の実体を構成する個人的活動の確保の促進であり，誘引（bringing）と誘因（incentives, inducements）[27]

①組織の協働関係に人びとを誘引——企業という協働システム（産業組織）の場合には，労働市場を構成する人びとだけでなく，消費者（広告宣伝），資本の出資者や金融機関などが協働関係への誘引の対象者となる。これらのグループとしての人びとが誘因・説得・直接交渉の対象となり，さらに貢献者となれば（消費者の場合は顧客に，労働市場にいる人びとは従業員に），協働システムのメンバーとなり，さらに組織と一体化しうる対象者と

---

26) *Ibid.*, pp.200−222.（邦訳230−232頁）。一部加筆修正。
27) *Ibid.*, p.227.（邦訳237頁）。一部加筆修正。

なる。

　②このような人びとから活動を抽出[28]——確固たる継続的な組織においては，その支持者から質的にも量的にもすぐれた努力，つまり忠誠心，信頼性，責任感，熱意，優秀な努力，成果の確保を引き出すことがつねにより重要。モラールの維持，誘因システムの維持，抑制システムの維持，監督と統制，検査，教育と訓練という経営管理職能の遂行が期待される。

（第3の経営管理職能）組織の目的や目標の定式化と定義

　①目的（purpose）と環境（environment）に関する意思決定の結果が実際の行為の全体（集合）であって，その行為の全体は次第次第に具体的行為に接近する[29]。

　これは意思決定プロセスの説明であり，目的にもとづく環境分析に始まり，目的の細分化と具体化のプロセスであり，最終段階では具体的な目的達成へのプロセスである。

　②目的に関する規範は，以下のとおりである。まず，ⓐ目的は協働への努力システムへのすべての貢献者によって受容されること，次に，ⓑ部分（特定）目的に分割すること，細部目的ならびに細部行動は一連の継続的協働となるように時間的に配列すること，各単位組織に内在する地理的，社会的，職能的に一体化するように同時的に配列すること，である[30]。

　③すべての経営管理組織は，目的あるいは行為を構成する総合の流れである，無数の同時的および継続的行為を定式化し，再規定し，細分化し，かつ意思決定を行う。すなわち責任の割当て，つまり客観的オーソリティの委譲を行う[31]。それは職位構造の形成，つまりコミュニケーション・システムの形成を行うことでもある。

---

28) *Ibid.*, pp.229–231.（邦訳240–241頁）。
29) *Ibid.*, p.231.（邦訳241頁）。
30) *Ibid.*, p.231.（邦訳241頁）。
31) *Ibid.*, p.231.（邦訳242頁）。

以上,経営管理組織の3つの職能を実際的な意味で方向づけ,一体化させるのが「有効性」と「能率」であり,その有効性と能率の達成によって協働システムの「存続と成長」が達成できる。換言すれば,協働システムが存続と成長を達成するための制約となっている要因を見つけ,その実行性のある要因を戦略的要因化する必要がある。このような機会主義的要因の議論については,次に取り上げよう。

3-3 意思決定と経営戦略

意思決定は,達成されるべき目的と,その目的達成のための手段が表出する時に問題となる。さらに意思決定は個人的意思決定と組織的意思決定とに分類される。このうち個人的意思決定は,協働システムに参加するかどうか,また参加している個人は参加し続けるかどうか,さらにどれだけ貢献するかどうかに関わっている。もちろん,この意思決定の前提には個人の来歴や目的がある。この個人目的が協働システムを通じて達成しうるかどうか,それによって満足度はどれだけのレベルになるかどうかが,この個人的意思決定のキーポイントとなる。

協働システムに参加し,その参加者が組織目的の達成に関わる意思決定を行っている場合,それは組織行為といえる。それは,次のように分類できるという[32]。

①論理的行為——組織目的の定式化,つまり意思決定プロセス,採用された目的に対する手段としての行為の調整,事実の識別と,調整に含まれる専門化による行為の割当てなど。

②非論理的行為——無意識的,自動的,反応的な組織行為など。

ここでは,経営管理者層に焦点を絞って,その意思決定や経営戦略について取り上げることにしたい。

---

32) *Ibid*., pp.185-186.(邦訳194頁)。

(1)(経営管理者層の)意思決定の分類

経営管理者層の各階層の意思決定は,以下のように階層別に特徴づけられる[33]。

①上層部——広い組織目的・目標に関する意思決定が主で,手段に関する意思決定は2次的である。

②中層部——目的の細分化・具体化の意思決定で,技術的・工学的問題(経済的問題も含む)が多い。

③下層部——技術的意思決定が主で,個人的意思決定の比重が高くなる。

(2)意思決定の客観的領域

意思決定の客観的領域を構成するのは,以下の2つの部分である[34]。

①目的(purpose)

目的を絶えず精緻化してゆくことは,ますます詳細になってゆく反復的(継続的)意思決定の効果であり,そして最後には細部(部分)目的がそのまま同時に目的の達成となる。しかし同様に,目的がそれぞれ新しく更新されるにつれて,環境の新しい識別が必要となり,ついには継続的行為の最後の問題は,全般的目的を,それぞれほとんど同時に行為と結びついている多くの具体的目的に分解することである。

それぞれの具体的目的は決定されるや否やただちに実行される。それは過去の問題となる。それは経験プロセスにおける一段階を構成する。

かように相前後しながら,目的と環境とは,継続的な意思決定を通じて,ますます詳細に継続するステップに反応する。それぞれは明らかに取るに足りない一組の最終の諸決定の多くは無意識的に行われ,それが合一してひとつの全体的目的の完成となり,ひとつの経験路となる。

②目的を除外した意思決定の環境

---

33) *Ibid.*, p.192.(邦訳200–201頁)。一部加筆修正。
34) *Ibid.*, pp.196–197.(邦訳205–206頁)。

物理的世界・外的事物の諸力・物理的法則，人びとと情緒，社会的法則・社会的理念・行動基準・諸力と抵抗など，無限で，すべてつねに存在し，つねに変化している。

これらは，物的要素，個人的要素，社会的要素の3つに分けられよう。

(3)機会主義の理論と戦略的意思決定

利益（good）によって明確となる組織目的つまり意思決定は，次の2つの側面からなる[35]。

①機会主義的側面（opportunitistic aspect）

諸目的を達成するための手段と条件に関係し，論理的・分析的方法と経験的観察，経験や実験が有効でありうる組織行為の部面である。

②道徳的側面（moral aspect）

未来に関係し，願望の何らかの標準ないし規範からみた見通しを意味する側面である。物的・生物的・社会的・経験の無数のチャネルを通じて，人びとの感情に影響を与え，そして協働の新しい特定目的を形成する，態度，価値，理想，希望の部面である。

2つ目の道徳的側面や要因については，組織に倫理性や道徳性，さらに未来的・方向性を付与することから，第Ⅴ章第2節で扱う。

前者の制約はチャンスであるという，機会主義的な側面に関わる目的達成のための「制約的要因」（limiting factor）は，存在するか，あるいは欠如する決定的要素ないし部分が，物，物的要素，複合物，成分である。これに対し，「戦略的要因」（strategic factor）は，すべての目的努力（目的達成のために傾注する努力）において究極的にはそうであるように，個人行為ないし組織行為が決定的要素である。制約的要因は静態的なものであり，戦略的要因は実際的・変動的なものである[36]。

---

35) *Ibid.*, p.201, p.211.（邦訳210頁，221-222頁）。
36) *Ibid.*, pp.203-204.（邦訳212-214頁）。この制約的要因と戦略的要因，さらに機会主義については，次章で扱うJ. R. Commonsも参照にされたい。一部加筆修正。

制約的要因は，目的達成のための意思決定の障害ともいうべきものであり，その障害に対応できない場合は意思決定を放棄することもありうる。もし，障害を取り除くことができる場合，行為となって表出し，戦略的要因として認識される。この戦略的要因は，実行可能であることが大前提となる。

第Ⅲ章
市民主義と「制度社会」

　本章では，個人対個人の取引関係を出発点とする「制度社会」に対して議論することにしたい。ここでは，個人，組織，企業を社会との関係で捉え，それぞれの関係にバランスを求めるところに特長がある。また「市民主義」は社会の一員としての企業を捉えるということであり，この考え方にもとづいて企業に対して，積極的な意味での，つまり主体的な意味での社会的責任や社会的貢献が期待されるのである。今日の社会的責任は，法律遵守や社会に反することはすべきでないという，後ろ向きの議論が多いように思われる。企業が活力を失う方向の議論は，企業社会にとっても大きなマイナスである。労働者にとっての働く場としての企業が失われては，市民社会そのものが崩壊することになる。ひとつ広い視点からの議論が期待される。

　企業だけではなく，個人や組織においても，「自由と制約（責任）」は基本的行動基準であり，民主主義の基本準則である。今日のような断絶的状況にあるからこそ，J. R. Commonsの社会制度論を見直すことが重要である。それは，かつて経験したことのない，資本主義社会の今後の在り方の羅針盤としての役割を担う一角が，コモンズの社会制度論として考えているからに他ならない。まさに「温故知新」である。

　したがって，本章では，1．個人行動と選択の理論，2．制度とゴーイング・コンサーン（継続性），3．制度としての大企業について取り上げ，議論する。

1 個人行動と選択の理論

　J. R. Commons（1862-1945）の場合，資本主義体制について，①個人行動と集団行動，②企業行動，③資本主義制度の進化といった3段階の分析を通じて解明しようとする。

　本節では，近代的管理論の特長とされる人間研究やその意思決定に関わる項目を取り上げる。つまり資本主義体制分析の基礎となる個人行動と，人間の精神（概念）の制度化と永続性について取り上げる。人間や個人の研究や理解は，制度経営学の基礎でもあり，その研究は行動科学の創始を意味する。

1-1　個人行動の3つの前提

　コモンズは，個人行動の前提として，現実の性質，人間性，人間の思考に分類する。

(1)現実を構成する全体と部分

　現実は相互関連・相互依存の関係にある。「全体論」（holism）の原理が適用され，全体と部分は倍数的関係にあり，各部分は制限的かつ補完的要素となる。コンフリクトや敵対が存在すること，つまり稀少性（scarcity）が存在する限り，人間と人間の社会的対立関係が生成される。以上のことからチェンジまたはイノベーションの原理が働くという[1]。

　これらの現実の認識は，現実の付随的特徴である。これに対し，現実の究極的性質は物質的ならびに非物質的実体であり，物質性と創造性の結合である。

---

1) J. R. Commons, *Legal Foundations of Capitalism*, (The Macmillan Company, 1924), Augustus M. Kelley Publishers, 1974, pp.37-39.

先の稀少性ゆえの対立は，人間と人間の横断的対立である。同様に貧しさゆえの横の繋がりも存在しえた。後者は政府への要求，政治的要求という「縦」の対立であった。賃上げや税率の引き下げ要求が，その典型である。

　モノの豊かな社会では，国民レベルで持つものと持たざるものという国民間での縦の対立が生まれた。そして，経済成長が維持されている間は，多くの人びとは，持つもののレベルに包含され，いわゆる中流社会化現象が生まれた。しかし，経済や企業業績の悪化，賃金の引き下げによって，多くの人びとは可処分所得が減り，つまり購買意欲が減少し，消費経済が落ち込み，販売業者の業績が悪化し，さらに製造企業の業績までもが右肩下がりとなり，経済全体が悪化の一途を辿ることになる。

　近年，わが国では，経済が減速化し縮小化する中，横と縦の二重対立・不信が起きており，普通の生活すらできない人びとが増加しつつあるという。格差社会の生成である。政治不信ばかりではなく，企業や経営者による不祥事の増加・拡大によって，人間対人間レベルでの相互不信の社会が生成されつつある。これまで，わが国では，労使対立はさほど激しいものではなかった。それは日本的労務制度の基礎である，労使を同一の目標へと導く企業内組合・企業内福祉が有効に機能しえたからに他ならない。労使をも含めた，平等主義にもとづく，仲間意識を醸成してきたことが，日本企業のひとつの大きな特長であった。現代のわが国の社会においても，縦と横の対立解消の必要性はますます高まりつつある。何らかの一体感を生み出すことが不可避であり，長期的視点に立った制度改革が求められる。

(2) **人間性**

　「人間は情緒性を基礎にもち，意識的に思考力をその上部にすえる進化的生物である」という。この意識の特性は未来を予知すること，個性の中心に理念や価値観を有していることである[2]。

---

2) *Ibid.*, p.325.

ここでいう未来は想像の世界，価値の世界である。人の住む境界にある世界である[3]。未来の問題は時間の問題であり，未来を先取りするものは1つの原理・原則である。「過去は記憶であり，現在は感覚であり，未来は期待である。それらすべてが現時点で精神（mind）の中に混在している。」[4]

　この精神および意思は，「制度化された」（institutionalized）高度に発達した頭脳（brain）である[5]。最初の制度は言葉や数字の言語である。人間の別の制度は，制約的要因および補完的要因（limiting and complementary factors）のバランスの人為的原理にもとづく，その永続的反復つまり"going concerns"である[6]。

　それゆえに，人間は，制度主義（institutionism）つまり未来性という時間的空間における経済活動を展開する際の制度化された精神である[7]。

　未来は意思力を強調する。この意思力は決断力や選択力からなり，人間はこの意思力を拡大しようとする。稀少性ゆえの利害対立を乗り越えるには強制，自力本願，闘争，結社といった自らのパワーアップが必要となる[8]。

　起業家による企業，労働者による組合，利害関係者集団などの立ち上げがこれにあたり，集団化・組織化を意味する。これは，パワー・ゲームの基礎理論でもある。

(3) 人間の思考ならびに知識

　人間には自意識的・創造的思考力があり，その思考プロセスは目的に導かれる[9]。

---

3) *Ibid.*, p.80.
4) *Ibid.*, p.642.
5) J. R. Commons, *Institutional Economics*, (The Macmillan Company, 1934), The University of Wisconsin Press, 1961, pp.638-639.
6) *Ibid.*, p.639.
7) *Ibid.*, p.639. 一部加筆修正。
8) 伊藤文雄著『コモンズ研究―産業民主主義への道―』同文館，1975年，208頁。一部加筆修正。
9) J. R. Commons, 1974, *op. cit.*, p.349.

第Ⅲ章 市民主義と「制度社会」

コモンズの思考プロセスは，①知覚（perception），②洞察（insight），③分析（analysis），④発生（genesis），⑤総合（synthesis）からなる。

①知覚——協働やコンフリクトによる富の生産と獲得における人間の取引，コントロールという労働ルールと解放，個人的取引の拡大，それらは知的な道具としての観念（ideas）の再編であり，外的諸活動である。この外的諸活動はわれわれに感覚（sensations）として伝わる。この感覚が知覚の対象である[10]。

②洞察——偉大なアイディア（big idea）は絶え間ない変化である[11]。洞察は「変化と永続的発見の世界」（a world of change and perpetual discovery）である[12]。洞察は，変化と永続的発見の世界における全体状況の制約と補完の部分との間の関係を見抜くものである[13]。洞察は分析と起源，生命，意思，目的，原因，結果，可能性を知るプロセスである。同時に，感動的な，意思的な，価値的な，直観的な，本能的なプロセスである[14]。

③分析——分析は類似点を比較し，相違点を区分するという分類プロセスである。それによって，主たる問題を諸概念や諸原則に分解し明確化できる[15]。

このような分類は，類似しているすべての事実と，異なるすべての事実の排除という２つの側面をもつことから，それは定義のプロセスである。したがって分類は定義であり，評価でもある[16]。

④発生——関係する要因のすべてにおいて絶えず続いている変化の分析で

---

10) J. R. Commons, 1961, *op. cit.*, p.93.
11) *Ibid.*, p.104.
12) *Ibid.*, p.101.
13) *Ibid.*, p.101.
14) *Ibid.*, p.746.
15) *Ibid.*, p.99.
16) J. R. Commons, 1974, *op. cit.*, pp.346–347.

ある[17]。

⑤総合——先の分析と発生を，全体に対する部分の関係に公式に結合することである[18]。このように部分と全体との関係の絶え間ない変化，すなわち分析と発生とを公式に結合することは不可避である[19]。

近代的管理論の特長である思考プロセスは，①知覚の対象としての感覚，②制約的要因と補完的要因との関係，③類似点と相違点の分類プロセス，④関係要因に関わる変化の分析，⑤分析（分類）と発生（変化）との結合からなる。これらはバーナードに引き継がれ，意思決定プロセスとして展開される。

1−2　人間の精神を制度化する3要素

人間の精神（観念）を制度化し，「永続性」を付与する3要素には，慣習的前提，倫理的理念およびイデオロギーが考えられよう。

(1)慣習的前提

習慣（custom）はコントロールされた個人的意見，つまり集団的意見である。個人が集団となって仕事をする場合には，集団的意見は個人的慣習に対する前提となる[20]。

このような意味での慣習的前提は，知的行動の場合，それ自身として制約的要因（limiting factors）あるいは戦略的取引（strategic transactions）に関係する[21]。

このような慣習的・習慣的前提は，①技術的前提，つまり使用価値の生産に関係し，科学技術文明の発達とともに変化する種類と特質および習慣的意

---

17) J. R. Commons, 1961, *op. cit.*, p.645.
18) *Ibid.*, p.99.
19) *Ibid.*, p.734.
20) *Ibid.*, p.698.
21) *Ibid.*, p.698.

味と手段（道具），②所有（資産）的前提，つまり利益，利権，使用料，賃金の獲得に焦点を合わせること，③道徳的前提，つまり利害対立の解決によって形成された現在の習慣的行動，から成り立っている[22]。

ここでいう道徳的前提とは，さまざまな経験の結果生まれた現在の行動基盤をなす社会的習慣である。

(2)倫理的理念

これに対して，倫理的（道徳的）理念は将来に関わり，人間の自立的および永続的人格の概念に対して根本的なものであり，希望と畏敬から生じるものである[23]。これは，あらゆる人びとの行動を未来に向かって，より良い方向に導くものである。

(3)イデオロギー

もっとも複雑な観念は，個人主義，社会主義，共産主義，無政府主義，独裁的国家社会主義，資本主義などの哲学である。これらは社会哲学である[24]。

これらの社会哲学は将来に関係するものであり，正反対の極，人間性に関係する倫理的感情を基礎とするものと，将来の願望としての目標を設定するものとに分けられる[25]。

観念（人間の精神）を将来に導くのは，以上のような①慣習的前提，②倫理的（道徳的）理念，および③イデオロギーである。このうち，倫理的理念・道徳的理念については，第Ⅴ章で，バーナードに依拠して議論したい。

1-3　個人と個人間の選択行為

先の人間の思考プロセスは，人間行動の具体的分析の開始である。意思

---

22) *Ibid.*, pp.698-699.
23) J. R. Commons, 1974, *op. cit.*, p.89.
24) J. R. Commons, 1961, *op. cit.*, p.97.
25) *Ibid.*, p.98. 一部加筆修正。

(will) は，その時に「実際に達することが可能な最善の選択肢を反復的に選択し行動するプロセス」である[26]。

この選択の理論は，3つのステップからなるという。つまり，個人の選択行為，相互に対面する個人間の選択行為，法律理論と選択行為の結合からなる。

(1)個人の選択行為

独立した個人が直面する選択に影響を与える要因は，①個人の経験する感情的意義や価値[27]，つまり人間の未来に対する希望である「人生計画」または「資産配分計画」[28]，および②内省的思考から展開される信念，精神の意向であるという。

このような個人の選択は，2つに分類される。①慣習的および偶発的選択[29]つまり本能的，慣習的，無意識的選択[30]と，②合理的あるいは科学的選択[31]である。

このような独立した人間が，自然の中にある物質を使って加工するような場合，その物質の中に存在する制約的要因は，3つあるという。それは①人的資源つまり知的・管理的・手工的能力，②機会つまり自然の物質力の中にある制約的かつ補完的要因，および③適時性つまり変化しやすい制約的要因を適正な時期・場所・形式・数量・人間のエネルギーの程度に応じた行為・自制・回避である[32]。

この選択における能率（**efficiency**）は，以下のように定義される。つま

---

26) *Ibid.*, p.19.
27) *Ibid.*, p.17.
28) J. R. Commons, 1974, *op. cit.*, p.37.
29) J. R. Commons, 1961, *op. cit.*, p.306.
30) J. R. Commons, 1974, *op. cit.*, p.72.
31) J. R. Commons, 1961, *op. cit.*, p.306.
32) *Ibid.*, p.306. 一部加筆修正。

り，もっとも高度な能率の達成とは，存在する能力の限度，利用できる自然の物質力の機会，さらに適時性の最良の判断において，もっとも少ない人や時間の投入，あるいはもっとも大きな利用価値の産出がなされた場合であるという[33]。

　コモンズのこのような能率の概念は，一般的に使用される概念である。これに対し，C. I. バーナードは能率の概念を個人の満足度として理解している[34]。このことは，一般的な能率の概念が物理学的・技術論的であるのに対し，バーナードのそれは，心理学的・社会学的であるといえる。換言すれば，個々人が満足しているからこそ，生産性が上がるのである。

　このような選択には，次のような2つの次元があるという。それは①パワーつまり交換力，購買力，販売力などといった経済力と，②機会つまり代替案の選択といった方向性をもつ[35]。このようなパワーと機会を実際にあてはめて考えると以下のように理解される。

　①パワーまたはフォース——行動には積極的な行動（positive act）と消極的な行動（negative act）とがあるが，後者の消極的な行動は行為の放棄と自制（forbearance）とに分けられる。人間が選択に際して行使するフォースが，自分自身の行為に限界を設定する自由意思（will）である。自制は自分の行為に対して設定された限界である[36]。

　②機会——既存の選択肢を調べ，他人に作用する行為を回避することである。

---

33) *Ibid.*, p.306.
34) C. I. Barnard, *op. cit.*, p.20.（邦訳21頁）。コモンズは，能率の一般的概念に加え，第3節で後述するように，人間の積極的行動意思のひとつの次元とも捉えている。つまり，コモンズの能率の概念は少なくとも2つのレベルで捉えられているのである。この点についてはJ. R. Comons, 1961, *op. cit.*, p.787を参照されたい。
35) J. R. Commons, 1974, *op. cit.*, p.28.
36) *Ibid.*, p.77.

この機会の選択でやってはいけないことは，達成できない代替案の選択，関連のない代替案の選択およびあまりにも多すぎる代替案の選択である[37]。

二者択一的な選択の場合，一方は不行為である回避の選択，他方は行為としての実行か自制（できないことはしない）を選択する[38]。実行範囲を狭めたり，実行しないという選択もありうる。実行範囲を規定するのは，企業のもつ，対外的環境適応能力を含む経営能力である。

(2)相互に対面する個人間の選択行為

稀少性（scarcity）が存在する世界では，物の生産者と物の所有者は分離し，その関係は人と人との関係に転化してくる。この社会的関係は倫理学，経済学，法律などの視点からの解明が必要とされる。この稀少性ゆえに，利害対立（コンフリクト）や相互依存（dependence）を生み出し，その相互依存は秩序（order）を要請する。人と人との社会的関係においては，「対立と相互依存と秩序」という3つの原則を内包する取引（transaction）概念がその活動の基本単位となる。これは制度経済学の最小の単位でもある[39]。

(3)集団行動と相対立する個人間の選択行為

各個人は相反する利害や信念を抱くことから，必ずしも相関関係を受容するとは限らない。しかし集団的意思（collective will）を共同で維持しようという場合，個人は権威者の行動準則を自らに受け入れたり，自らの取引に限界を課したりする。この集団的意思は慣行準則（working rules）である。

この慣行準則のうち，利益や損失を伴うのが強制的な習慣である。それは諸個人がなさねばならないこと，してはならないこと，しなくてもよいこと

---

37) J. R. Commons, 1961, *op. cit.*, p.320. 一部加筆修正。
38) *Ibid.* 一部加筆修正。
39) *Ibid.* 一部加筆修正。産業革命以前，つまり機械化以前においては，主に使用者（所有者）が自分で使うものを自分で生産をしていたが，経済が発達するにつれて，原材料の所有者とそれを使って生産する製造業者，物の生産者と物の流通業者，物の生産者と製品の販売業者，生産者と消費者など細分化が加速してきた。対立と相互依存については，第1章で議論した。

などを含意する。この強制的な習慣の組織化されたのが，ゴーイング・コンサーンであるという[40]。

このような強制的な習慣つまりゴーイング・コンサーンといった普遍的な原則は，集団のコントロールや解放と，個人行動の拡大から観察しうるものである。これをコモンズは慣行準則と呼ぶ。

この慣行準則は，次の4つに分類される[41]。

①能力あるいは権利——諸個人が集団的能力の助けをかりてできること。

②強制あるいは義務——諸個人がなさねばならないこと，あるいはしてはならないこと。

③無能力あるいは放置——集団的能力が諸個人のために何もできないこと。

④許可あるいは自由——他の諸個人から干渉なしにしてもよいこと。

以上のような取引当事者間の相関関係，つまり社会的，経済的，法的関係の基本システムである慣行準則を伊藤文雄も，①権利，②義務，③放置，④自由という項目ごとにまとめている[42]。

コモンズは，慣行準則を構成する4つの要素を，水平的関係（相関関係で対等で正比例）としての①権利と②義務，③放置と自由，垂直的関係（限定的で相反し，反比例）としての①権利と②放置，③義務と④自由とに分けている。これらの関係は，図表Ⅲ-1　慣行準則の要素間関係のようになる。

集団行動は人間の力と機会を制約すると同時に，個人の自由を解放する側面をもつ。集団行動は現在および未来における個人の力と機会をサポートし，将来の期待や意思に多大なる影響を及ぼすと考えられる。

伊藤によれば，人間性について，コモンズは①冷静的で，合理的で，しかも平和的な存在ではなく，②人間は，不完全な状況の中で生きており，さら

---

40) *Ibid.*, p.80.
41) J. R. Commons, 1974, *op. cit.*, p.6. 順番は原文と異なる。
42) 伊藤文雄著，前掲書，223頁。

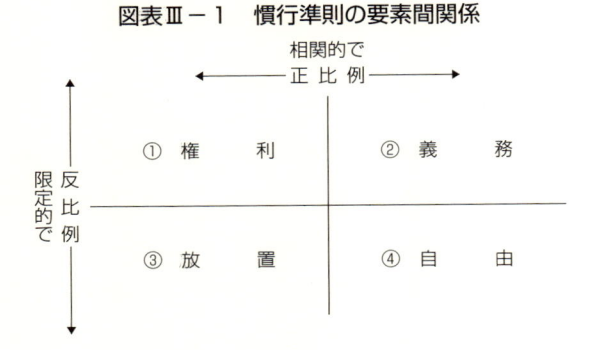

図表Ⅲ-1　慣行準則の要素間関係

```
                    相関的で
          ←―――――  正 比 例  ―――――→

              ① 権　利        ② 義　務
  限定的で
   反比例  ――――――――――+――――――――――
              ③ 放　置        ④ 自　由
```

に③人間は平等ではなく相互作用の状態に置かれているという[43]。人間は元来，感情的で不完全であり，限界的合理性や制約の中で存在し，社会的取引（バーナードのいう誘因と貢献）関係の存在である。

2　制度とゴーイング・コンサーン

　最小単位の社会は「2人以上の人びと」によって成立しうる。個人と個人の取引関係（バーナードのいう誘因と貢献）は制度経済学や個別経済学の出発点であり，社会の一制度としての企業や組織はゴーイング・コンサーンつまり継続性（バーナードのいう存続と成長）を最終目標とする。制度維持論を背景にもつ。
　これらの取引やゴーイング・コンサーンは，プラグマティズムつまり実践性といった制度経営学の特徴を表わすものである。
　本節では，プラグマティズム，制度の3つの次元，制度の創始と3つの課題について取り上げることにしたい。

---

[43] 同上書，231頁。

2−1 プラグマティズム

プラグマティズムについて議論するということは，取引とゴーイング・コンサーンの理論展開を行うということである。

このプラグマティズムには，次のような3つの要件を内包するとされる。

①メカニズムをその統一原理とする物理学の与件

これは繰り返しを基本とし，ニュートン・イズムにもとづいている。コモンズによれば，メカニズムとは原子，波長，渦の自然運動に従って機能し，そして自然の不可視的力によって作用するシステムまたは実体であるという[44]。

伊藤文雄によれば，メカニズムは均衡として機能し，反復性の概念が強調され，この機械的運動は無意識的・偶然的な「自動的均衡」に向かうという[45]。

②有機体が主要問題である生物学の与件

これは質的変化や多様化・複雑化を伴う，ダーウィニズムの生物進化論に関連する。

ここでいう有機体とは，生物または活動の性質をもち，しかも，それらの活動が相互に依存する構成要素の協調的関係にもとづいている構造または組織として現出する。有機体はプロセスとして機能するとともに変化の現象に注目する。しかし，この変化も，メカニズムと同様に，無意識的・偶然的な「自動的均衡」に向かうという[46]。

③人間の意思の要素が関連する社会科学の与件

これは意識的または合目的変化であり，「文化的均衡」であるという。プラグマティズムのひとつの理論的展開であるゴーイング・コンサーンは，本質的に合目的であり，人間の意思によって誘導され，かつ，つねに未来を期

---

44) J. R. Commons, 1961, *op. cit.*, p.119.
45) 伊藤文雄著，前掲書，46頁。
46) 同上。

待するものであるという[47]。

また，ゴーイング・コンサーンは動き変化するプロセスであり，絶えず動いている現在では，人間の活動を支配する未来の不確実な期待を示す公式であり，つまり複雑な取引の公式であるという[48]。

この複雑な取引の公式は，経済力，つまり交渉力や取引であり[49]，個人と集団間および個人と個人との力関係の不安定な状況を生み出すだろう。

ゴーイング・コンサーンまたは取引の複合体としての経済システム（または経済制度）は動態的概念であり，未来を志向して行われる法的―経済的な取引を基礎的分析単位として捉えている[50]。

コモンズのいうプラグマティズムは，物理学，生物学，社会科学の3つの与件を内包するとした。ダーウィニズムの生物進化論を社会学に適用したのがHerbert Spencer（1820-1903）である。スペンサーイズムの社会学では，生物，社会，心理，道徳の諸現象を統一的に解明しようとした。

(1)取引と制度

コモンズによれば，経済学の「究極の研究単位は，個人ではなく，行動する2人ないしはそれ以上の人間であり，彼らの行動は取引である」という[51]。この「取引は稀少性，メカニズム，そして行動準則の世界において，贈与，所得，説得，強制，詐欺，命令，服従，競争，そして支配したりする2ないしはそれ以上の意思（wills）である」という[52]。

コモンズによれば，これらの取引の複合体が制度という経済行動のパターンをつくるという。この取引は所有の移転であり，それは売買的取引（bargaining transactions），管理的取引（managerial transactions），割当的取

---

47) 同上書，47頁。
48) J. R. Commons, 1961, *op. cit.*, pp.733-734.
49) 伊藤文雄著，前掲書，46-48頁。
50) J. R. Commons, 1974, *op. cit.*, p.7.
51) *Ibid.*, p.8.
52) *Ibid.*, p.7.

引 (rationing transactions) の3つのパターンに分けられる[53]。

(2)ゴーイング・コンサーンの人間行動の科学

　これらの3つの取引パターンが有益なものへと結合され，ゴーイング・コンサーンという全体を構成する。このゴーイング・コンサーンは，他のものをコントロールする「慣行準則」(working rule) や変更可能な戦略あるいは「制約的要因」(limiting factors) を内包する[54]。

　ゴーイング・コンサーンは集団活動であり，われわれが制度と呼ぶ家族，企業，労働組合，同業組合，国家など，さまざまなものを活動へと導く行動準則を有する。制度とは，個人行動をコントロールする普遍的な原理であり，すべての行動に共通する普遍的な原理である[55]。

　(1)と(2)の取引とゴーイング・コンサーンとの関係は部分と全体の機能的かつ相互依存的な関係にある。コモンズは，経済システムを物理学的なメカニズムでもなく，単なる生物学的な有機体でもなく，ゴーイング・コンサーン概念を強調する。伊藤文雄も，経済システムをメカニズムや有機体の科学から，（近代的理論の特徴である）人間行動の科学への展開だとする[56]。この人間行動の科学の展開は，制度経営学のひとつの特徴である。

　コモンズによれば，ゴーイング・コンサーンの原理は「原因，結果，または目的の類似性」であり，そのもっとも単純で，最小の特殊な類似性は「自由意思」(willingness) である[57]。

　この統一原理である「自由意思」は，次のような部分原理によって構成される。つまり①稀少性，②能率，③慣習，④主権，⑤将来性によって構成される。これらの統一原理と部分原理，および取引（売買的取引・管理的取

---

53) J. R. Commons, 1961, *op. cit.*, p.58.
54) *Ibid.*
55) *Ibid.*, p.69.
56) 伊藤文雄著，前掲書，50頁。一部加筆修正。
57) J. R. Commons, 1961, *op. cit.*, p.94.

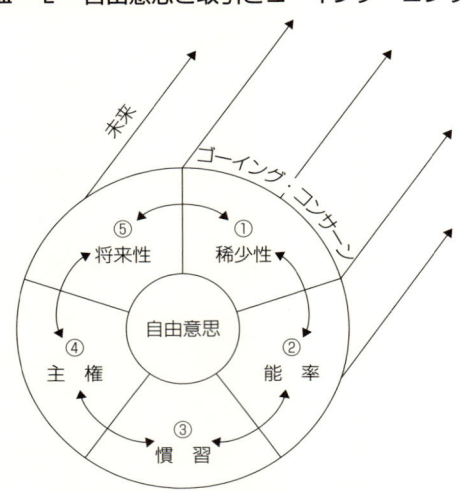

図表Ⅲ-2　自由意思と取引とゴーing・コンサーン

（図：自由意思を中心に①稀少性・②能率・③慣習・④主権・⑤将来性の5つの部分原理が円環状に配置され、ゴーイング・コンサーンとして未来へ向かう様子）

注：ゴーイング・コンサーン＝f（売買的取引・管理的取引・割当的取引）
　　　　　　　　　　　　＝f（稀少性・能率・慣習・主権・将来性）
出所：J. R. Commons, *Reasonable Value*, Ann Arbor, Michigan: Edwards Bros., p.121を参照に手直ししたものである。

引・割当的取引）とゴーイング・コンサーンの関係は，図表Ⅲ-2のように描くことができよう。

　以下において，自由意思の部分原理について考察してみよう。

　①稀少性――これは心の内に存在するものであり，欲するものの量と利用できる時間と場所の量との間の割合である。この割合は，欲するものの量と価格に関係する人間の売買的取引の稀少性に類似している[58]。

　この稀少性はゴーイング・ビジネスの経済を形成する。このゴーイング・ビジネスは資源の取得と譲渡という所有の移転を担う。その移転の際，その資源価格を決定づけるのがその資源の稀少性である。このゴーイング・ビジネスの経済は売買的取引の資産経済である[59]。

---

58) *Ibid.*, p.737.
59) 伊藤文雄著，前掲書，52頁。

②能率——ある一定時間の投入と産出の割合である。この能率の原則は，変化する化学作用，電気量，物の重さ，使用した道具などと，生産された製品との割合に相関する人間の管理的取引に類似する[60]。

この能率の原理は，ゴーイング・プラントの技術経済を形成する。それは人間の労働をコントロールしながら，人間の欲求を充足する使用価値を創出するプロセスであり，能率の経済によって運営される生産組織である[61]。

③慣習（労働準則）——集団のメンバーに対する集団的拘束力であり，慣習的な労働準則を変化するものとするならば，諸個人の活動と取引の反復である[62]。

④主権——この原理は変化性をもち，物理力を所有する上位者と，それを利用する下位者との割当的取引の反復である[63]。

これは，生産財（生産システム）を有する所有者や所有経営者と労働者との利害対立的関係である。このような利害対立的関係を一致させるのが，経営学の基本的かつ本質的課題である。

⑤将来性——これは期待された事象の概念である。未来の事象に関係する動的な現在において，実行した取引とそれらの評価の反復的類似性である[64]。

取引（売買的取引・管理的取引・割当的取引）とゴーイング・コンサーン

---

60) J. R. Commons, 1961, *op. cit.*, p.737.
61) 伊藤文雄著，前掲書，52頁。バーナードの能率の概念では，その源流に遡り，人間の欲求を充足させることによって，技術的な意味での生産性が向上し，能率が向上するという理解にもとづいている。換言すれば，生産組織で働く人びとが満足しているからこそ，生産性も向上し，能率も向上するのである。各個人の満足度は，国や企業などによって違い，実にさまざまである。この満足度を集団レベルや企業レベルで高めようというのが日本的労務制度である。この点については，第V章で扱う。
62) J. R. Commons, 1961, *op. cit.*, p.737.
63) *Ibid.*, pp.737-738.
64) *Ibid.*, p.737.

は部分と全体の機能的かつ相互依存的な関係にある。同様に，ゴーイング・コンサーンの統一原理は自由意思であり，その部分原理は稀少性・能率・慣習・主権・将来性である。これらの部分原理はそれぞれ可変性があり，それぞれ制約的かつ補完的な相互依存関係にある。したがって，全体としてのゴーイング・コンサーンも動態的でフレキシブルな概念であるということができる。

　このようなゴーイング・コンサーンは，ゴーイング・ビジネスつまり交換をもたらす継続事業と，ゴーイング・プラントつまり使用価値を創造する生産組織から構成されるという[65]。

2－2　制度の3つの次元

　社会における制度は，すべての人間の相互依存関係を基礎とした行動規範であり，（長年培われて，伝えられてきたものであり），相互に関連し合い，各個人を形成する限定的および受容的様式である[66]。

　相互依存関係にある制度の3つの次元は，社会的信念（social beliefs），財貨（materials），組織（organizations）からなる。

　①制度＝社会的信念——信念とは欲望以上のものであり，行動の基礎的な背景をなす。信念は人間の意思に関係し，「～したい」という欲望よりも，より奥深いものであり，「～しなければならない」という言葉に表わされるものである。

　「社会的信念は各制度の精神的基礎である」[67]という。つまり，社会的信念は社会的組織を形成するが，そのメンバーの信念の基礎や結果をなすものであり，永続的な社会的精神の動機や信念であり，社会的制度を規定づけるも

---

65) 伊藤文雄著，前掲書，52－53頁。
66) J. R. Commons, *A Sociological View of Sovereignty*, Augustus M. Kelley Publishers, 1899－1990, pp.3－4.
67) *Ibid.*, p.6.

のである。この社会的信念は，企業の場合には，経営理念や社是・社訓である。

②制度＝財貨＝人間の欲求を満足させる物的手段——人間は自らの欲求を充足させるには，自分の知識・思考・行動・労働などを提供し，自然資源を加工し，社会活動に参加しなければならない。そのような社会活動が「富の生産」（production of wealth）である。

このような「富の生産」活動に参加することによって，個人は自意識が喚起され，自らの信念が形成されるという[68]。企業の場合には，そこのメンバーの活動は，物理的財貨の生産と消費に関係していることになる。

制度にとっての物質的基礎は制度の目的であり，そこに参加するメンバーを関係づけるものである。つまり，企業という制度は，そこに参加しているメンバーに賃金，給料，利子，利潤，寄付，友情・愛情，処罰，報酬などというカタチで配分することから，制度は，ある側面での物質的基礎の上に依存している[69]。

③制度＝組織——社会における制度は分業組織体であり，ひとつの制度，すなわち分業組織体に結合されるにはメンバー間の協調関係が必要である[70]。この組織体のメンバーは，組織的側面と個人的側面とを有する。他の制度に対しては，自らの所属する制度に対して統一的な行動をとろうとする。つまり個人的行動よりも組織的行動をとろうとする傾向が強まる。わが国では，個人的行動よりも組織的行動をとる傾向がこれまでは特に強いとされてきた。

コモンズは，制度と組織の関係について，次のように述べている。つまり共通の信念・欲望は制度に活力を与える行動力の源泉であり，そこに組織が生成される。制度は組織によって行動的存在となる。制度としての組織は主

---

68) 伊藤文雄著，前掲書，105頁。
69) 同上書，105頁。
70) 同上書，105頁。

従関係と協調関係のどちらかの方法で体系化されるという[71]。

2-3　制度の創始と3つの課題

コモンズによれば,「各制度は信念, 物財, そして組織の有機的結合である」という[72]。これについては制度の3つの次元として取り上げた内容である。その3つの次元とは信念体系, 物的手段, 組織であり, それらは相互に依存的な関係にある。

本項では, 制度の創始としての私有財産, 制度の3つの課題について取り上げる。

(1)制度の創始としての私有財産

コモンズによれば「すべての社会制度が私有財産 (private property) から始まった。この私有財産は自意識の社会的表明である。」[73]という。

ここでいう「私有財産」は自意識, 稀少性, 強制によって発現する社会的関係である[74]。

①自意識――これは感情であり, 自己の知識を意味する。この自意識の発達・進化の社会的誘因は人口の漸次的増加や「富の生産」の改善などである。これらの2つの社会的誘因は生存競争の決定的要因として, 人間のあらゆる継続的活動分野において, 稀少性の認識を要請する[75]。

②稀少性――資源の稀少性ゆえに人間の自意識を発達させ, 私的占有を確立しようとする[76]。

③強制――強制は対外的物質および身体的労苦の手段によって, 他人に服従を強いる権力を有する決定者によって出される明示的または暗黙的な命令

---

71) 同上書, 105-106頁。
72) J. R. Commons, 1899-1990, *op. cit.*, p.9.
73) *Ibid.*, pp.13-14.
74) *Ibid.*, p.20.
75) *Ibid.*, p.13.
76) *Ibid.*

である[77]。

　伊藤文雄によれば，財貨の消費という視点から考察するときに，強制という社会的主従関係が明瞭に現わされる。私有財産の基本的事実は，個人的満足のために他人を強制的にコントロールすることであるという[78]。

　制度の原始的存在である私有財産つまり支配と服従との関係にもとづく役務の社会関係であり，その制度の代表的なものとして，かつて奴隷制度が存在していた。この制度の最高形態は国家であり，主権は高吏によって強制力を行使することである。主権は国家という組織形態をとったときにのみ存在しうるのである[79]。

(2) 制度の3つの課題

　制度は個人の基本的な精神の能力のひとつにもとづいた永続的な社会的関係である。制度に参加するメンバー間が相互にどのように接触するかによって，制度の本質が見えてくる。そのメンバー間がどのように接触するかは，何らかの強制を受け入れる動機によって異なってくる。この強制を受け入れる動機によって導き出されるのが，各制度に内在する3つの課題である。

　①知識および技能にもとづく技術的問題（technical problem）――人間の欲望充足のために，多くの人びとが産業制度に従事し，自然資源（バーナードのいう物理的要因）に働きかけている。この産業制度の技術的問題は自然資源を扱い，自然を克服し，資源を開発することである[80]。

　②臨機応変の才および能弁にもとづいた説得的問題（persuasive problem）――産業制度の技術的能力を高度に発展させるには，分業の組合せと限られた作業分野での知識と技術の専門化なしには不可能である。このような個人の技術的能力を経済的にするには，他のグループおよびグループ内の個人に

---

77) *Ibid.*, p.25.
78) 伊藤文雄著，前掲書，108頁。
79) 同上書，109頁。
80) J. R. Commons, 1899 – 1990, *op. cit.*, pp.96 – 97.

対して，最小の犠牲と譲歩で，各グループの生産力を増大させる必要がある。この説得的問題は経営の問題であり人間的問題である[81]。

③これらのサーヴィスが指向される目的を選択する権限にもとづいた倫理的および政策的問題（ethical and political problem）[82]——この問題は，3つの問題のうちもっとも基本的かつ未来的で，もっとも重要な課題である。

以上のように，継続性を有する制度には，①技術的問題，②説得的課題，③倫理的および政策的課題が存在する。次の第3節では，この制度としての大企業について分析する。

3　制度としての大企業

社会制度としての私企業（制度的私企業）は，継続性つまり「存続と成長」を最終目標とし，規模拡大を目指す。社会的存在としての企業は大規模化を達成することによって，社会的影響力を強め，社会的存在の意義づけを高めていく。しかし，そのような規模拡大は，環境構成主体や環境領域（相互関連的な経済的・技術的，社会的・文化的，自然的・地球的環境）への影響を拡大させるだけでなく，社会的責任や社会的貢献の拡大を期待されるようになる。同時に，経営の複雑化や多様性を招来するようになる。市場規模を拡大し，支配権を確立することには自ずと限界があり，一方では，大企業病が蔓延し，他方で，経営能力の限界点を越えることになる。歴史的に見ても，経営管理能力を越えた都市国家や大企業が消滅していった例からも推察できるだろう。

そこで本節では，企業の継続性という視点から，社会と企業，ゴーイング・コンサーン，制度としての大企業について取り上げ，制度的私企業の特

---

81) *Ibid.*, p.98.
82) *Ibid.*, p.103.

徴を明らかにしたい。

3-1　社会と企業

われわれは，第Ⅰ章で資本主義社会を3層構造として議論してきた。つまり，この「資本主義社会の3層構造」として市民，企業，国家の相互依存関係を中心に議論してきた（図表Ⅰ-1）。

コモンズも同様に，資本主義社会を①市民，②私的な事業，③国家の3層からなると考えている。このうち私的な事業としての企業について，コモンズは，次のように述べている。つまり企業は物でも実体でもなく，「一本化を要請されるプロセス」であるという。それは単なる存在ではなく，生成であり，ゴーイング・コンサーンである。このゴーイング・コンサーンは，企業の行動準則であり，そのプロセスを導く規定である[83]。

このような企業はプロセスであるという見解は，制度経営学に共通する実践性の議論である。したがって，企業はつねに動態的な存在である。

コモンズの企業理論は，次のように分類される。

ゴーイング・コンサーン ｛ ゴーイング・プラント（生産組織）
　　　　　　　　　　　　 ゴーイング・ビジネス（売買・取引組織）

(1)ゴーイング・プラント

ゴーイング・プラントは，公衆にサーヴィスを提供する生産組織である。プラントは，マンパワー，土地，建物，機械，原材料などから構成される全体である。そこで問題になるのは，技術経済の問題であり，能率（efficiency）の原理にもとづく純粋に技術的，物理的問題である。ゴーイング・プラントの経済は，能率を原理とする技術経済の側面である[84]。

---

83) J. R. Commons, 1974, *op. cit.*, pp.149-150.
84) *Ibid.*, p.182. 一部加筆修正。

生産は人間対自然との技術的・物理的関係であり，消費者のもつ欲求を充足するために自然力を克服することであるという[85]。このような考え方は，西洋合理主義の典型である。

　ゴーイング・プラントは，使用価値を生み出すように（上司である）人間の意思によって，人間の労働をコントロールしながら，各部分の最適な組合せを作りあげることである。コモンズも，バーナードと同様に，能率を人間の積極的行動意思のひとつの次元と捉えている。投入と産出の割合に人間が積極的に関わってくることから，人間の管理的取引にも類似している[86]。

(2)ゴーイング・ビジネス

　ゴーイング・ビジネスは，公衆から対価を受ける「売買（取引）組織」（bargaining organization）である。ゴーイング・ビジネスは稀少性の原理による売買取引である。つまり，ゴーイング・ビジネスの経済は稀少性を原理とする資産経済であるといえる[87]。

　企業は，株主，投資家，銀行などとのネット状の組織に組み込まれている[88]。企業は実に多くの利害関係者さらに環境構成主体との相互依存・相互扶助・取引関係のうえに成り立っている。企業にとっての「利潤は予測と計画の結果である[89]。」

　ゴーイング・ビジネスの価値は顧客や出資者や従業員など，市場におけるあらゆる人びとのあらゆる取引の価値である。それは不可視的無形財産がその中心であって，ゴーイング・プラントを稼動させる生産組織の「技能・勤勉・誠実・成功・名声」である。これは一種の機会価値であり，信用の効用

---

85) *Ibid.*, pp.203-204. このような考え方はアングロ・サクソンに代表されるような西洋合理主義にもとづいている。自然は人類のためにこそ存在しうるというものである。
86) J. R. Commons, 1961, *op. cit.*, p.737.
87) J. R. Commons, 1974, *op. cit.*, p.182. 一部加筆修正。
88) J. R. Commons, 1961, *op. cit.*, p.865.
89) *Ibid.*, p.529.

第Ⅲ章 市民主義と「制度社会」 | 71

を生み出すもので，それは営業権価値（good will value）と特許権価値（franchise value）からなる[90]。

(3)ゴーイング・コンサーン

前述の，部分としてのゴーイング・プラントとゴーイング・ビジネスを統合したものがゴーイング・コンサーンである。

このゴーイング・コンサーンは，古典学派の静態的・機械論的な均衡概念から，動態的・進化論的な生成概念への転換である[91]。

このゴーイング・コンサーンは，能率と稀少性との調整によって，政策的実体としての継続性（continuity）を得ようと努める。

この継続性は制約的および補完的要因の理論である。この制約的および補完的要因のコントロールは人間の意思にもとづいて行われる。それらの要因が具体化され，戦略的取引やルーティン的取引ならびに割当的取引に転化される。これらの活動によって，能率と稀少性は調整され，事業は継続する[92]。

前述したように，継続性は制約的および補完的要因をコントロールすることによって成しうるが，それらのコントロールは人間の意思によって行われる。コモンズによれば，目的の成就に対して，何が制約的要因であるかを探索し，それを適正な方法で，適正な数量で，適正な時期に変化していく能力が適時性（timeliness）であるという[93]。

ゴーイング・コンサーンの主な機能は，これまで議論してきたように，事業の存続である。ゴーイング・コンサーンの部分であるゴーイング・プラン

---

90) J. R. Commons, 1974, *op. cit.*, pp.199-200. 一部加筆修正。
91) 伊藤文雄著，前掲書，24頁。
92) 同上書，252頁。コモンズのいう制約的および補完的，戦略的要因について，バーナードは基本概念として，自らの機会主義の理論の中に導入している。この点についてはC. I. Barnard, *op. cit.*, Chapter XIV, "The Theory of Opportunism", pp.200-211.（邦訳209-222頁）。
93) J. R. Commons, 1961, *op. cit.*, p.306.

トとゴーイング・ビジネスを統合するのは人間の意思であり，意思的コントロールである。事業の存続のためには，反復的意思決定プロセスが不可欠である[94]。この点に関しては，前述のバーナードにおいても主張されることである。

コモンズによれば，企業は激動している社会において，つねに不確実な「期待」に直面している[95]。伊藤文雄によれば，このような不確実な社会における企業行動は，①統一的・持続的・政策的実体を生み出す割当的取引，②能率の原理に従ってプラントを運営する管理的取引，③稀少性の原理に従って期待を実現していく売買的取引，④それぞれの目的を達成していくための戦略的およびルーティン的取引からなるといわれる[96]。

以上が，コモンズの企業理論である。社会制度のひとつとしての企業は，継続性を確保するために，ゴーイング・プラント（生産組織）をゴーイング・ビジネス（売買あるいは取引組織）を統一化させ，制約的要因を探索し，戦略的要因を実施しようとする。

制度経営学における制度的私企業は，不公正を是正しようとする修正資本主義の中で制度維持論を背景とし，継続性を基本的特徴としており，「存続と成長」を最終目標としている。

3－2　制度としての大企業

現代的大企業はメカニズム（機械装置）ではなく制度（institution）である。このような産業社会における制度としての大企業には，P. F. Drucker（1909－2005）によれば，次のような特徴があるといわれる[97]。

---

94) *Ibid.*, pp.632-633を参考に，全面的に書き換えた。
95) *Ibid.*, p.733.
96) 伊藤文雄著，前掲書，254頁。
97) P. F. Drucker, *The New Society: The Anatomy of Industrial Order*, Harper & Row, 1950, p.27, p.29, p.31, p.33. (P. F. ドラッカー著，現代経営研究会訳『新しい社会と新しい経営』ダイヤモンド社，1950年，39頁，41頁，43頁，44頁)。

①決定的な制度であること——過半数の人びとの価値，信条，社会的満足，社会観が実際には，その社会の代表的な制度によって決定されること。

②代表的な制度であること——人びとの社会観を左右するほどの制度であること。

③構成的な制度であること——企業は本質的には同一の形態であらゆる産業社会に存在していること。

このように，制度が制度として存在するためには，過半数以上の支持を得ていること，人びとの価値観を左右する水準にあること，特殊なものでなく一般的なものであること，が必要である。

次に制度としての企業に関連して，①産業社会における市民・企業・国家，および②企業の３つの側面とその機能について取り上げよう。

(1) 産業社会における市民・企業・国家

産業社会は，元来，多元社会である。その多元社会を構成するのが市民・企業・国家である。これらの構成員について，P. F. ドラッカーは，次のように述べている。

「市民」は，社会の支えとなっている誓約を十分に果たすよう，社会の代表的制度である企業体に要求する。その「企業」は自律的な制度であり，企業はそれ自身の特質をもち，それ自身の法則に従う。「国家」と企業は同一基本的信条・原理にもとづいて組織されなければならない。企業が充足されている信条と価値が社会の公言している信条と価値と矛盾する場合には，産業社会は存在しえない[98]。

(2) 企業の３つの側面と３つの機能

ドラッカーによれば，企業には３つの側面があるという。そのひとつ目は，企業は物理的には必然的に大規模であること（スケールメリット），２

---

98) *Ibid*., p.36.（邦訳46-47頁）。但し，産業社会の構成員は，資本主義社会の構成員と同様に，市民・企業・国家の順に並べ直した。

つ目は，企業は産業経営層と組合指導層からなる支配階級と，技術者・専門家・職長・会計士・中間管理層からなる新しい産業中間階級を生んだこと，3つ目は企業は自らの機能という側面をもつことである[99]。

このように，企業は物理的側面（ゴーイング・プラント），社会的側面（ゴーイング・ビジネス），機能的側面（ゴーイング・コンサーン）という，3つの側面をもつ。第2節で議論したコモンズの企業理論とすばらしく対応している。

前述の3つの側面のうち，企業の機能的側面からみれば，企業は3重の性格つまり3重の制度を有することになる。つまり，企業は①経済的制度であり，②政治的機能を遂行する統治的制度であり，さらに③代表的な社会的制度でもある[100]。

企業は産業社会における代表的な社会的制度であり，私有財産制にもとづく自律的意思決定が可能な物理的・政治的制度であり，社会制度としての適正利潤を得ることが可能な物理的・経済的制度である。制限的ではあるが利潤をあげることは未来費用のために必要不可欠である。つまりランニング・コストばかりではなく，新製品の開発，設備の更新，新市場の開発，技術開発，企業経営本来のリスクへの対応コスト，企業環境急変への対応コスト，中核としてきた事業の改変コストなど，さまざまな未来費用発生のために，事前に対応しておくことが必要である。

本章では，制度としての企業のゴーイング・コンサーンについて，さまざまな角度から議論してきた。それは一般社会や産業社会から企業が信用（trust）を勝ち得るためには，どうすれば良いのかを明らかにする意図をもっていた。信用を勝ち得るには，まず，人びとの繋がりやコミュニケーションが大切であり，対立や競争のネットワークから，共生・共創のネットワークへの転換が必要である。次章ではネットワーク社会について，取り上

---

99) *Ibid.*, p.38.（邦訳49頁）。
100) *Ibid.*, p.38, p.44, p.49.（邦訳49頁，54頁，55頁，61頁）。

げようと思う。

第Ⅳ章
環境主義と「ネットワーク社会」

　第２次世界大戦後のわが国は，混乱期を脱し，1950年を境にして，軍需景気に沸く，最初の経済成長期に突入していった。1960年の所得倍増計画など国の経済政策などが功を奏し，1972年まで高度経済成長期をもたらした。そして1980年代末または1990年を境に安定成長期・マイナス成長期に入っていった。

　経済成長や国内総生産（GDP）の向上，企業業績の向上や企業成長は，われわれ市民に十分な職場の確保や賃金・生活の向上をもたらした。それとともに，キツイ・キタナイ・キケンな仕事の回避，安い製品や便利な生活を享受できた。安さや便利さへの要求がコスト低減や技術革新を加速化させ，一層の経済成長をもたらしたともいえる。しかし，反面において，生活環境の悪化をもたらした。つまり公害問題が各地域で起こっていった。

　このような状況の中，1967年に公害対策基本法が成立した。1970年代には公害規制が表面化し，企業や政府・地方自治体の社会的責任が明確化していった。

　以上のような経済成長や安定期，さらに衰退期を経過するプロセスで，資本主義社会や産業社会を構成する市民―企業―国家が関わりを強めたり，弱めたり，対立したり，規制したりしてきた。つまり，組織化・管理化を促進したり，規制を排除したり，民営化による活性化と称して「新自由主義」の導入など企業や国家が関わってきた。

しかし資本主義社会が発展の限界点に到達する中，市民の企業や国家への要求が高まっており，反面，市民がベンチャー・ビジネスのもつ能力への期待も高まってきた。そのような状況下で，それぞれ自立・自律した独創性をもつ人びとやベンチャー・ビジネスといった中小企業などを再度組織化・制度化・ネットワーク化することが必要不可欠である。

このようなネットワーク化形成の主体となるのは，市民ネットワークや企業ネットワーク，地方自治体や国家，NPO（nonprofit organization）などである。

本章では，環境システムについての研究を基礎に，そこから派生するネットワーク化を中心に取り上げる。現代社会は多様で変化の激しい国民主導ネットワーク型社会に移行していると考えるが，そこにあるのは，バラバラな個人や組織であり，そこには格差社会が存在し，対立と競争，能力主義と成果主義が混在する。そこで対立・競争ネットワークから脱却し，共生・共創ネットワーク社会の形成が期待される。換言すれば，自立・自律したコアーの独創性を活かす方法が模索されているといえるだろう。

ここでいう環境主義というのは，生態学的な捉え方であり，すべてがひとつの循環型リングとして繋がっている状態を指す。その循環型リングは各ユニットをひとつの循環型リングとして繋げており，その循環型リングと循環型リングがまた繋がっているというものである。そのような循環型リングは，ムダやムリをなくし，環境への負荷をできる限り「無」に近づけようというものである。基本的には，市場の需要以上のものは生産も販売もしないし，環境にやさしい製品づくりに焦点を合わせること，必要とされる時と所で生産をし販売をすることなどである。地域主義も，この考え方にマッチする。ムダやムリをすることは，環境に負荷を与えることになる。このことは，また別の循環型リングの形成を強制する。ムダな循環型リングを形成することは社会にアンバランスをもたらすことになる。われわれは，バランスのとれた自然から多くを学ぶべきである。社会に負荷を与えることは，社会

全体が高ストレス社会に移行することを意味する。

このような考え方は、エコロジカルな（生態学的な）思考方法であり、「ネットワーク型社会」の編成の基本でもある。

本章では、現代企業社会の3層構造のうち、もっとも新規な環境主義にもとづくネットワーク社会について考えてみたい。そこで、1．環境経営とサスティナビリティ、2．ラディカル・エコロジーと環境倫理、3．ラディカル・エコロジーの展開について取り上げたい。

1　環境経営とサスティナビリティ

企業経営研究において対象となる環境問題は「環境破壊によって、すなわち自然生態系と人間環境系に負荷を与える諸行為によって人間の生活・健康・生命が、したがって人間の生きる権利が脅かされ、その脅威が現実化する可能性を有する危機的状況」に関わる複合的な問題群である。その現象としては「典型7公害」（大気汚染、水質汚染、土壌汚染など）、「地域環境問題」（都市・交通あるいは生活空間・アメニティ問題など）、「地球環境問題」（温暖化、オゾン層破壊、酸性雨、砂漠化、熱帯雨林減少、生物多様性減少など）があげられるという。しかし、このような捉え方は必ずしも問題の本質を捉えているとはいえないという[1]。

つまり、このような環境問題に関する考え方は、①環境倫理の視点から見れば「人間中心主義」に偏り過ぎていること、また②地球そのもののサスティナビリティ（持続可能性）という生態学的自然と人間の相互依存関係やバランスを考えに入れていないことなどから、環境問題の本質を捉えているとは言いがたいと主張されるのである。

1）鈴木幸毅著『環境経営学―環境経営学の確立に向けて―』税務経理協会、1999年、7頁。

そこで，本節では，環境問題の本質とエコロジー，企業の環境経営の定義と原理について取り上げたい。まず環境経営論の基本的認識を確認することは，本著の主題と一致する。

1－1　環境問題の本質とエコロジー

　鈴木幸毅によれば，企業の持続可能なシステムへの転換の思想・理論的基礎は「物質代謝説」もしくは「エコロジー思考」があるといわれる[2]。

　このような「エコロジー思考」をとるということは，企業・産業レベルで捉えるならば，原材料⇄部品⇄製品をひとつのサイクルとして考えサスティナビリティを追求することである。企業活動のすべてを循環型サイクルとして捉えるが，そのことは自然生態系原理としてのエコロジーの法則とのバランスを志向することである。サスティナビリティを志向することは自然と人間社会のバランスをとるということである。

　この「エコロジー思考」を採用するということは，地球環境レベルで環境問題を考えるということであり，地球を含めたあらゆる組織体の「サスティナビリティ」（持続可能性）を追求することである。このサスティナビリティを定義づけるのは①「社会性」，②「経済性」，③「環境性」であるという[3]。

　このサスティナビリティと社会性，経済性，環境性の関係を表わしたのが，図表Ⅳ－1　サスティナビリティとその原理である。

　環境問題は，企業経営と同様に，コスト意識が要求され，ムダやムリを避け，経済的でなければならず，社会から認知されなければならない。その結果，環境性が高まるといえよう。例えば，再利用できる原材料の採用，再利用する冷却水などに代表される。環境にやさしいということは，経済的でも

---

[2] 同上書，14頁。
[3] 環境経営学会監修『環境経営入門─サスティナブル・マネジメントを目指して─』日本工業新聞社，2002年，75頁。

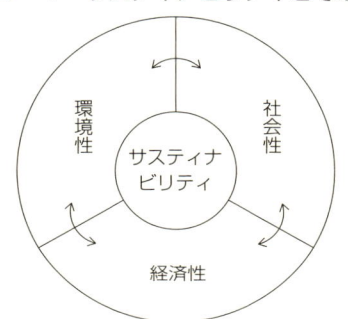

図表Ⅳ-1 サスティナビリティとその原理

（図：中央に「サスティナビリティ」、周囲に「環境性」「社会性」「経済性」）

あるということである。環境問題は、経済的か経済的でないかでなく、経済的でなければならないのである。コスト意識は、あらゆる場面において必要不可欠である。また、環境問題を解決するということは、環境産業を育てることに繋がることでもある。

ただ、環境問題は急を要することでもあるといわれる。「地球号」の将来は誰にも分からない。企業の将来も誰にも分からないし、そのゴーイング・コンサーンを誰も保証してくれるわけではない。しかし「地球号」の将来をより安定したものとするためには、サスティナビリティ（持続可能性）を高める、あらゆる努力を惜しんではならない。

エコロジー（生態学）の科学は、人間以外の自然に注意を払い、無生物構成要素（水、空気、土、原子、そして分子）と生物的構成要素（植物、動物、バクテリアそして真菌類）との間の無数の複雑な相互作用を研究する[4]。

地球全体をひとつのシステムとして考える場合の法則は、エコロジーである。地球システムをエコロジーの法則にもとづいて理解するということは、

---

4) CoroLyn Merchant, *Radical Ecology: The Search for a Livable World*, Routledge, 1992, p.14.（キャロリン・マーチャント著、川本隆史・須藤自由児・水谷宏訳『ラディカル・エコロジー――住み良い世界を求めて――』産業図書、1994年、13-14頁）。

人間—自然システムをエコロジカル・サイクル・システムとして理解することである。

ここでいう「エコロジー思考」は，次のように特徴づけられる。

①生態系のメンバーは，上下関係のない水平的な「相互依存関係」に立つ。

②「多様性・柔軟性・変化性」をもつ。

③「競争・共生・共創」の関係をもつ。

④「エコロジカル・サイクル（循環と再循環・均衡と調和・競争と共生）」と「ネットワーク」の関係をもつ。

⑤これらの生態系のメンバー間関係によって，それぞれのメンバーが「サスティナビリティ」（持続可能性）を高められる。

このような「エコロジー思考」は，自然と社会を構成するあらゆる組織・制度・システムに適用可能な思考である。

1－2　企業の環境経営の定義と原理

企業は，今，自然保護を思想的基盤とし，環境保全と人間社会の永続的発展を目指して，環境型社会の構築に向けてその舵を取ることが社会的に求められている。この方向に舵を切った企業の姿を「環境経営」という。この企業の環境経営の意味内容を表わしたのが，以下の３つの定義である[5]。

（定義１）企業の環境経営は，環境型社会の実現を目指す企業経営スタイルである。

（定義２）企業の環境経営は，企業にとっては自己責任として遂行すべき経営実践である。

（定義３）環境経営は，循環型社会の実現を目指す企業経営スタイルであり，人間社会の持続的発展を目指す「共生原理」に立脚して地球環境問題に

---

[5]　鈴木幸毅著，前掲書，67－68頁，72頁，74－75頁。

対処し，修正自己責任に立脚して社会的代位性を体現し，環境責任・貢献を至上として実践し，もって企業目的たる利潤の実現をはかる企業経営の像である。

前述の定義3の人間システムの原理としての「共生原理」に立脚する「環境経営原理」は自然生態系原理（エコロジーの法則）と人間社会系原理（エコロジカル・サイクル・システムの原理）のバランス関係にもとづいて，次のようなものとして定立できるという[6]。

①競争的共生の原理――「競争」から「競争と共生へ」，そして「競争的共生」へ
②相互依存の原理――「競争・陶汰」から「均衡・調和」へ，そして「相互依存」へ
③相互協力関係の原理――「排他的競争」から，「相互協力関係」へ
④持続的管理の原理――「循環・再循環」から「開発利用」「利用・管理」へ，そして「持続的管理」へ

地球上には，土地・動植物・空気など，実にさまざまな層をなしつつ，何らかのバランスを保ちつつ存在している。それらは，また，変化性と柔軟性と多様性というネットワークによって覆われている。地球上には，非常に複雑多岐に変化しつつある生物が存在する。さらに地域規模での特性が加わる。さらに各地域レベルのマトリックス的変化が存在する。環境破壊は，人間自らが，自らの存在基盤を失う結果を招くことになろう。畑を耕し，作物を育てながら，畑に塩分を含んだ水を蒔くようなものである。

換言すれば，経済性と社会性のみを重視する人間中心主義的な「西洋合理主義的思考」から東洋思想の自然あっての人間といった考え方や自然環境と人間社会との共生といったバランスのとれた考え方への転換が必要である。「東洋思想」のこのような考え方は，環境問題を考えるうえでのひとつの出

6）同上書，76頁。

発点である。同時に，ムダな開発・ムリな開発や自然破壊を極力避けるべきである。例えば，ムリな開発は，その後の維持管理に漠大な資金がかかるような場合であり，そのような場合には，開発をすべきではない。作るコストだけでなく，作った後の維持管理コストを考えることがこれからの環境経営にとっても重要である。

　さらに，自然環境と人間の共生・共存という考え方に立脚することも重要である。わが国では，河川の護岸は自然に逆らって，両岸をコンクリートで固め，しかも直線の流れに変えるため，ますます水の力の強さが加わることになる。自然の水の流れを弱めるために，例えば川の中に杭を打ったり，流れの幅を一部広げたり，さまざまな工夫がされるべきである。親水型の水辺に変えることなどが期待される。稚魚などが育ち，汚れた水の再生機能をもつ干潟を残したり，再生したりすることも自然との共生をはかる方法である。マングローブを植え，護岸をすることも，自然の活用であり，コストをかけない方法である。これは東北地方などに見られる北側に防風林を植えることと同じような発想である。さらに都市部では，屋上の緑化なども自然との共生のひとつの方法である。経済性だけを考えた失敗例としては杉や檜の植林がある。杉や檜は根の張りが浅く倒れやすく，しかも保水性が低いため，植林後の管理を怠ると山崩れや河川の汚染を引き起こすことになる。保水性の高いブナの木などの雑木の植林も早急に実施すべきである。今一度，自然と人間社会を考え直し，国家レベルで環境経営を考え直す時機に来ている。自然生態系原理としてのエコロジーの法則と，人間社会系原理としてのエコロジカル・サイクル・システムの原理にもとづいて，環境経営の視点から見直すべきである。地球号のサスティナビリティ（持続可能性）を少しでも高めるためにはエコロジーにもとづいて自然を考え直すことが必要である。そのためにはエコロジカル・サイクル・システムにもとづいて人間社会を組み直すことが必要である。後者のエコロジカル・サイクル・システムについては，第Ⅴ章第3節で，さらに進化させる。

2　ラディカル・エコロジーと環境倫理

　環境問題は，つねに，人間と自然のバランス（相互依存，多様性と共生，ネットワーク，サスティナビリティなど）の視点から見直すことが必要である。この環境問題への対処にはサスティナブルなものでなければ意味がない。これは企業経営における戦略が，ゴーイング・コンサーンや「存続と成長」を目標とするものでなければ意味がないこと，それ以上の深い意義をもつ。環境問題については，超長期的な視点から考える必要があり，同時により根本からの見直しが必要である。

　本節では，キャロリン・マーチャントにもとづき，環境問題からみた今日の社会の矛盾を取り上げ，環境倫理について，さまざまなレベルから考察することにしたい。

2－1　ラディカル・エコロジーと地球環境

　キャロリン・マーチャントによれば，ラディカル（基本的な）エコロジーは，①人間は自然を自由に支配して構わないし，社会の中では自由に他の人を犠牲にして行動して構わないという幻想に対して，②人間以外の自然と他の人間たちに私たちは責任があるという新しい意識を対置する。そこで自然と人間を大切に育成する新しい倫理を追求する。そして，新しい社会のヴィジョンと新しい倫理に合致した世界の変革を行う力を人びとに付与する[7]。

　このラディカル・エコロジーは，環境を変化させる原因を取り除き，人種，階級，性の別なくすべての人びとのために「生の質」を高めることを目指す社会運動の支えである[8]。

　ラディカル・エコロジーは，もっと住み良い世界（livable world）を実現

---

7) C. Merchant, *op. cit.*, p.1.（邦訳1頁）。
8) *Ibid.*, p.15.（邦訳15頁）。

するために，どのように役立ちうるのだろうか。環境問題は今日の社会の矛盾の結果であるといわれる。そこで，今日の社会の矛盾を，次の2つに分類する[9]。

（第1の矛盾）経済的生産力とその地域のエコロジカルな条件との緊張から発生する矛盾

　生態系（ecology）に対する生産の攻撃から発生する矛盾であり，①二酸化硫黄の排出から生じる酸性雨，②フロンによるオゾン層の破壊，③産業廃棄物の投棄による海岸・土壌の汚染などである。地球に対するこれらの生産の攻撃は，生物・地球化学的サイクルと熱力学的エネルギー交換によって土，植物，動物そしてバクテリアを通して循環する。

（第2の矛盾）生産と再生産との間の緊張から発生する矛盾

　近代社会における産業のための生産は空気，水，土，（人間を含む）生物相（生命の再生産つまり新しい命の誕生の低下，動植物などの生棲や消滅）に対して，さらに長期にわたり自己を維持し再生産する社会の能力に対してエコロジカルな負荷の蓄積を生み出す。生物学的―社会的再生産に対して，工業生産から攻撃がなされている。

　人間と人間以外の種の生物学的な（間世代的な）再生産（生殖）がさまざまな有害な化学物質によって脅かされている。人間の再生産（生命の継続）も危険にさらされているのである。この世から消えていった種は限りないともいわれている。

2-2　環境倫理とその基盤

　前述してきたように，われわれの地球号は危機にさらされている。このような中，すべての事柄を根本から，かつ全般にわたって見直す必要がある。すべての根本は，倫理や道徳・理念にある。企業が倒産の危機にさらされた

---

9) *Ibid.*, pp.8-9.（邦訳15-18頁，一部加筆修正）。

時は創業期に立ち返り，創業期の理念を見直し，そこから再出発することが求められるのと同じである。環境問題についても依って立つものや原点に立ち返ることが不可避である。そして歴史的に，つまり過去―現在―未来といった時間の流れをもう一度見直し，問題点をその中で位置づけることが必要である。

キャロリン・マーチャントによれば，環境倫理の基盤は，①自己つまり自己中心的倫理，②社会つまり人間中心的倫理，③宇宙・万有つまり生態系中心的倫理へと発達していったという。同様に義務の基盤も，①個人の自己利益の最大化，②最大多数の人びとのための最大の善つまり社会正義，③エコロジー（生態学）の法則にもとづく合理的，科学的な信念体系つまりエコシステムの統一性，安定性，多様性，調和に求める[10]。

以下において，環境倫理の仮定について，その発達順に取り上げ，検討してみたい。

(1)自己中心的な倫理（egocentric ethics）の仮定

それは，以下の5項目からなる[11]。

①物質は個々の部分から成り立っている。

②全体は個々の部分の総和に等しい。社会は個々の合理的行為主体の総和である。

③機械論は社会から孤立している。

④変化は部分の再配列によって起こる。

⑤人間の社会と文化は，人間以外の自然とは異質で，それに勝るものである。

(2)人間中心的な倫理（homo centric ethics）の仮定

人間中心的な倫理は，以下の5項目からなる[12]。

---

10) *Ibid.*, pp.66-67.（邦訳86頁）。
11) *Ibid.*, p.70.（邦訳93-94頁）。
12) *Ibid.*, p.72.（邦訳95-99頁）。

①この倫理は社会に基盤をもつ。

②この倫理は政治の社会的利益モデルと当局が人間の健康を守るため環境規制の手段をとることの基礎を付与する。

③この功利主義倫理は，社会的な利益の最大化を社会的損害の最小化，人間の快の感情は善であり，苦痛の感情は悪であり回避されるべきである。

④人間は自然的世界の管理人であり，世話役である。

⑤人間中心的な倫理は，ソーシャル・エコロジスト（社会的生態学者）の統治（politics）の拠り所である。

(3)生態系中心的な倫理（ecocentric ethics）の仮定

生態系中心的な倫理は，次の5項目からなる[13]。

①この倫理は宇宙・万有に基盤をもつ。

②この倫理では，生命をもった植物や動物，生命をもたない諸元素，鉱物などを含めて，固有の権利を付与される。

③この倫理においては科学も価値から自由ではない。

④この倫理の主要な目標は，自然のバランスを保ち，エコシステムの統一性，安定性，多様性，そして調和を維持することである。

⑤この倫理はホーリスティックな（全体論的な）根本原理に根ざしている。

前述の生態系中心的な倫理の仮定のうち，ホーリスティックな根本原理に根ざしているという仮定は，どのような特徴をもつか，以下に提示する[14]。

ⓐ全体は各部分を規定し，逆に一部分の変化は他の部分や全体に変化を付与する。

ⓑ全体は部分の総和以上のものである。

ⓒ知識はその背景によって意味づけられる。

---

13) *Ibid.*, pp.75-76. （邦訳101-103頁）。
14) *Ibid.*, pp.77-78. （邦訳104-106頁，全体的に加筆修正）。

ⓓ部分よりもプロセスが優位性をもつ。生物システムや社会システムはオープン・システムである。両者は，物質とエネルギーがコンスタントに周囲と交換されている，定常状態のシステムである。

ⓔ人間と人間以外の自然との統一が必要である。人間は自然と同じ有機的な宇宙論的システムの部分である。

さて，以上の環境倫理，つまり①自己中心的倫理，②人間中心的倫理，③生態的中心的倫理は，第1節第1項で論じたサスティナビリティ（持続可能性）を定義づける3つの条件に対応する。つまり，①「社会性」，②「経済性」，③「環境性」という，3つの条件に対応する（図表Ⅳ-1）。

3　ラディカル・エコロジーの展開

本節では，第2節で議論した生態系中心的な倫理にもとづくラディカル（基本的な）エコロジーの運動と，その展開としてのディープ・エコロジーとソーシャル・エコロジーを中心に取り上げたい。

ラディカル・エコロジーの運動は，次のような事柄の達成に貢献したとされる[15]。

①さまざまな環境主義者の分析の基底にある社会と科学についての前提を表出した。

②人間の健康と人間以外の自然にとって現状維持が危うくなっていることに関する公的な意識の高揚がなされた。

③環境と自然を問題にしつつ，主流の社会を平等と社会主義の度合いを高める方向へ動かした。

④現存世界の代わりとなる世界のヴィジョンを提出し，人種，階級，性，そして年齢の垣根が取り払われ人間の基本的な欲求が充足された。

---

15) *Ibid.*, p.249.（邦訳321頁）。

3-1　ディープ・エコロジーの諸原理

　20世紀の人間の環境への関わり方に対する深刻な危機感の産物として生まれたのがスピリチュアル・エコロジー（精神的生態学）とディープ・エコロジーである。このスピリチュアル・エコロジーはディープ・エコロジーと同じく，意識の，特に宗教的・精神的な意識の転換に焦点を合わせる。スピリチュアル・エコロジストたちの観念は，緑のエコロジー運動と，エコフェミニストの社会運動において積極的に活動する諸個人を動機づけている。宗教的エコロジーの主要なもくろみは価値観の転換を引き起こし，それが次に地球を救う行動に繋がることなのである[16]。

　20世紀に生まれた，もうひとつのディープ・エコロジーは，世界をサスティナビリティ（持続可能性）に向かって駆動する新しい社会的，経済的傾向を支持し，正統化する[17]。

　このディープ・エコロジーは，次のような諸原則によって構成されるという[18]。

　①ディープ・エコロジーは自然の中にいる人間という新しい根本原理を求める。ディープ・エコロジーは「生態学」（ecology）から出発して，人間をすべての他の生物と平等のレベルにおく「生命圏の平等の原理」にもとづく有機論的民主制に進んでいく。「生態学」は，相互に結びつけられた自然のネットの目をなす，構成要素のすべてに等しい重要性を認める科学である。

　②人格と惑星との全面的交流を目指す。質素，謙遜，そして進化への畏敬の念が，人間が生命圏を支配すべきだという主張に優越する。

　③人びとは開発された土地から撤退し，再びそれが野生の土地として自己を回復するに任せる「未来の原始人」として，彼らの生活を送ることができる。つまり，それぞれの回復した生態学的地域（人間の収容能力をもった広

---

16) *Ibid.*, p.118, p.136.（邦訳149頁，175頁）。
17) *Ibid.*, p.92.（邦訳116-117頁）。
18) *Ibid.*, pp.92-93.（邦訳117-119頁）。

大な自然地域）に居住者として生活しうる。

④生態系中心的な倫理を信奉する。人間以外の自然を利用する場合に、人びとは生態圏を無傷に維持する義務を負っている。他の生物も人間とまったく同様に生存し、進化・発展する権利を有している。

⑤エコロジー的基盤をもつ新しい科学は、人間が自然という世帯の中で暮らしているという意識を促す。新しい科学はプロセスを重視する。生物学的多様性と文化的多様性が目標として求められている。技術は、人間にとっての単なる手段である。

このディープ・エコロジーはひとつの科学であり、ナチュラリストの運動の基盤でもある。ディープ・エコロジーの諸原理をまとめると、次のようになろう。

① 「生命圏の平等の原理」とネットワーク
② 人間と宇宙・万有の交流関係
③ 生態学的地域の再生と原始的生活者としての居住の限界
④ 生態系中心的な倫理の尊重
⑤ 生物学的・文化的多様性の尊重

次に、ラディカル・エコロジーの展開としての、ソーシャル・エコロジーについて分析を試みる。

3-2 ソーシャル・エコロジーとその課題

ソーシャル・エコロジー（社会生態学）は人びとが自然および自然資源との関係において利用する、さまざまな政治的・社会的制度を分析対象とする[19]。

このソーシャル・エコロジーは、自然、プロセス、多様性、自発性、自由、全体性といった項目のバランスをとることを根本にするという[20]。

---

19) *Ibid.*, p.8.（邦訳14頁）。
20) *Ibid.*, p.148.（邦訳191頁）。

ここでいうプロセスとは生命プロセスであり，多様性は変化のプロセスであろう。また自発性は，人間がより一層の自覚と自由に向かう，継続的努力を意味しよう。

　自由のエコロジーは人間と自然，人間と人間を再び結びつけるだろうし，人間と人間以外の自然の相互依存が深まり，全体は部分の総和を越えたものになろう。さらに，エコロジカルな社会では上下関係はなくなり，自由と平等を基本とすることになろう。

　では，以下において，社会分析的枠組み，ソーシャル・エコロジーの課題，エコシステムの展開について叙述することにしたい。

(1)これまでの社会分析的枠組み

　これまでの社会学や経済学，さらに経営学などにおいて明らかにされた人間社会は，社会構造と経済構造からなる。さらに社会構造は観念と制度からなる。他方，経済構造は生産関係者と生産力からなるといえる。この人間社会の構造は，図表Ⅳ-2のように表わすことができよう。

(2)ソーシャル・エコロジーの課題

　キャロリン・マーチャントによれば，ソーシャル・エコロジーは，以下のような課題を有するという[21]。

　①自然的および社会的コミュニティをつくりあげているパターンを研究し，その歴史と内的論理を発見すること。

　②コミュニティの進化の中に存在している豊かな多様性とさまざまな違いを明らかにすること。

(3)エコシステムとその展開

　エコシステムとは，エコロジーに完成された調和のとれたコミュニティのための基礎を与える，相互に関連し合った社会的かつ有機的諸要素を含む，明確な人間的かつ自然的コミュニティである[22]。

---

21) *Ibid.*, p.150. （邦訳193頁）。
22) *Ibid.*, pp.149-150. （邦訳193頁）。

図表Ⅳ-2　人間社会の構造

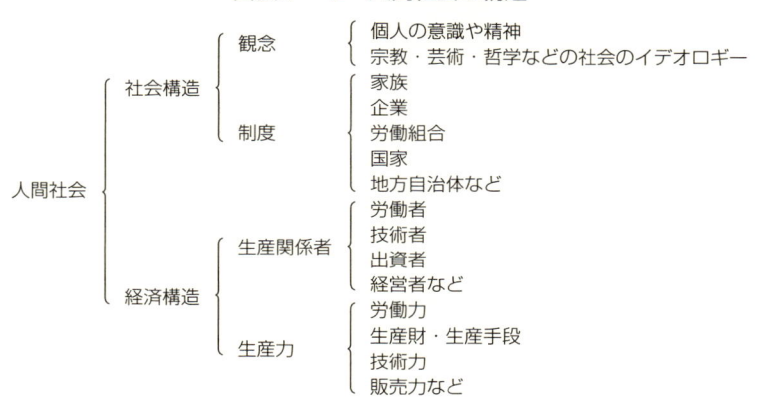

```
                    ┌ 観念 ┬ 個人の意識や精神
                    │      └ 宗教・芸術・哲学などの社会のイデオロギー
         ┌ 社会構造 ┤
         │          │      ┌ 家族
         │          │      │ 企業
         │          └ 制度 ┤ 労働組合
         │                 │ 国家
人間社会 ┤                 └ 地方自治体など
         │                   ┌ 労働者
         │          ┌ 生産関係者 ┤ 技術者
         │          │         │ 出資者
         │          │         └ 経営者など
         └ 経済構造 ┤
                    │         ┌ 労働力
                    └ 生産力 ┤ 生産財・生産手段
                              │ 技術力
                              └ 販売力など
```

　人間のコミュニティと自然のエコシステムは，進化・発展しつつ相互に働きかけ合う，人間が自然をつくり変えるだけでなく，自然もまた人間をつくり変える。生態地域の範囲内のエコシステムは自然をコントロールする人間の自由な選択の範囲を制限する[23]。

　今後のネットワーク社会は人間中心的なものから，人間と自然とのバランスのとれたエコロジカルな（生態学的な）ネットワーク社会への転換をはかる必要がある。われわれの社会的活動や経済的活動のすべてが，エコロジカルな基準をマスターする必要がある。

　前述したように，地球号のサスティナビリティを高めるには「社会性・経済性・環境性」の基準をクリアーする必要がある。企業がその継続性を確保するには「人間主義・市民主義・環境主義」の基準を満たす必要がある。このことは，人間と企業，企業と社会，人間と企業と社会と環境のバランスを志向することでもある。

---

23) *Ibid.*, p.150.（邦訳194頁）。

3-3　ソーシャル・エコロジストの視座と課題

　エコロジスト（生態学者）は，生物の環境を研究するナチュラル・エコロジスト（自然生態学者）と人間の環境を研究するソーシャル・エコロジスト（社会生態学者）に分けられる。このソーシャル・エコロジストの中には，これまで社会制度学派の人びととして，著者が研究を進めてきたJ. R. コモンズ，C. I. バーナード，P. F. ドラッカーなどが含まれている。これらの人びとは近代的経営学の代表的な地位を占めている。これらの人びとの諸学説は，「人間・企業・社会」については卓越した理論（実践的な理論）を展開している。

　本項では，第3の学説として，P. F. ドラッカーのソーシャル・エコロジストとしての問題意識——継続と変革つまり思想的変遷，この継続と変革の相克への関心の派生，仕事，その特徴，体系としてのソーシャル・エコロジーについて取り上げる。

(1) P. F. ドラッカーの思想的変遷[24]

　①『経済人の終わり』（1939年）——あらゆる継続性とあらゆる信条を喪失した社会，悲惨な恐怖と絶望に陥った社会の崩落を記録した。

　②『産業人の未来』（1942年）——継続と変革の双方を可能とする産業社会のための社会理論と社会構造を解明した。

　③『社会という概念』（1946年）——産業社会において個々の仕事に対して地位と機能を付与し，かつ個々の仕事を共同の成果に統合する社会機関としてのマネジメントを分析した。

　④『イノベーションと企業家精神』（1986年）——社会的機関が継続性を維持するための唯一の方法は，それらの機関の組織構造そのものの中に，体系的かつ組織的なイノベーションのメカニズムを組み込むことである。そこ

---

24) P. F. Drucker, *The Ecological Vision Reflections on the American Condition*, Transaction Publishers, 1993.（P. F. ドラッカー著，上田惇生・佐々木実智男・林正・田代正実訳『すでに起こった未来—変化を読む眼—』ダイヤモンド社，1994年，305-306頁）。

でイノベーションを体系的な活動として発展させることを試みた。

　資本主義各国はひとつの有機的な世界市場を形成していたため，一国の過剰生産恐慌，例えば1929年に起こったアメリカのウォール街に端を発した株価の大暴落は資本主義の各国へと波及していった。これが世界大恐慌である。この歴史的変動は，これまでと違った価値観を導き出した。経済学や経営学に決定的影響力をもたらした。それは，経営学においては，その基礎に，①人間や個人と集団・組織を位置づけ，さらに②企業を社会制度や機関として定義づけたことである。これらは，今日の制度経営学の基本的特徴であり，1930年代の新しい経営学（近代的経営学）の始まりを意図するものである。

　そこで著者は，「制度維持論」にもとづいて，これまで企業の継続性を確保するために，人間主義や市民主義にもとづく経営を中心に研究を進めてきたのである。今日では，経済成長の限界，既存産業の成長の限界，生活水準上昇の限界，環境問題の決定的顕在化などをきっかけに，これまで生成されてきた社会制度としての企業に対する見直しが必要となってきた。そこで「制度改革論」の導入が不可欠となった。つまり人間主義・市民主義に加えて環境主義にもとづく企業経営が必要となった。それは「制度的私企業」から「制度改革的私企業」への脱皮を意味する。

　今日の，このような断絶的時代における地殻変動は，1930年代の「経済→社会」環境変化に酷似している。それはこれまでの人びとの価値観や信念・信条までも変化させるという意味で酷似しているのである。資本主義社会を「市民→企業→国家」という見方をとることや，環境変化を「社会→経済」という見方をとるくらいの違いがある。

　そこで，われわれは1930年代の諸学説を見直し，そこに将来の企業社会を見い出そうとしたのである。特に，前述のP. F. ドラッカーの第4の著書『イノベーションと企業家精神』（1986年）と比較検討すると，「制度改革論」の意味内容を見い出すことができる。

(2) **ソーシャル・エコロジーへの出発点——継続と変革**

ドラッカーは継続と変革の相克への関心を出発点とし、そこから、さらに技術や仕事や人間組織に関心をもつに到ったという[25]。

①技術への関心

②仕事への関心——仕事は、社会や社会秩序やコミュニティを規定する中心的な要因である。社会は①偉大な思想特に宗教と②仕事の仕方という緊張関係によって支えられている2つの極からなる。

③人間組織つまり組織社会——1930年代～1960年代初めに到る初期の仕事は、主として、新しい社会現象としての組織と、その構造・特性・マネジメント・機能に関するものだった。しかし、ドラッカーは近代社会に見られる集中化や社会一元論や政府万能主義の傾向に対してまったく反対であるという。

制度経営学者にとって、社会制度としての企業の「継続と安定」の実現、「変革と創造」の実現は基本的課題である。そこで理念（道徳や倫理）や文化、目的と環境、実行性のある経営戦略などは制度経営学にとっては、基本的かつ重要な課題となるのである。

(3) **ソーシャル・エコロジストの仕事**

ドラッカーはソーシャル・エコロジストの仕事として、次の2点を掲げている[26]。

①未来を予測することではなく、すでに起こった変化である未来を確認し、重大な影響力をもつであろう変化を知覚し、分析すること。

②ソーシャル・エコロジー（社会的生態学）に関わる現象のうち、数値化や定量化された事象は、もはや未来に関わる事象ではなく、過去の事象であり意味をなさない。世界に変革をもたらす特異な事象とは、実は、限界的事

---

[25] 同上訳書、307-309頁。
[26] 同上訳書、313-316頁。

象である。

　キャロリン・マーチャントによれば，ソーシャル・エコロジストは，一方で生活の質を高め，基本的欲求の充足手段を再分配しつつ，持続可能な仕方で資源を利用するエコロジカルな（生態学的な）基盤に立った開発・発展政策を支持する。問題の根は社会（特に経済）とエコロジー（生態）との弁証法的対立の中にある。彼らの行動はエコロジカルな開発・発展と社会正義に焦点を当てねばならないという[27]。

(4) **システムとしてのソーシャル・エコロジー**

　ドラッカーによれば，システムとしてのソーシャル・エコロジーは，次のような特徴をもつという[28]。

　①システムとしてのソーシャル・エコロジーは，見ること，そして知覚することに基礎をおく。ソーシャル・エコロジーは総体としての形態を扱うが，総体は部分の集合よりも大きくはないかもしれないが，部分の集合とは基本的に異なる。

　②システムとしてのソーシャル・エコロジーは，実学であり，行動に関わることから，知識も行動のための道具である。

　③ソーシャル・エコロジーは価値から自由ではないし，そのシステムの基本は責任，能力にもとづく権威，そして人間の心を尊ぶ。

　ここでいうシステムは，もともと生態学における概念であり，「全体性」と部分の「相互依存性」という特性を内包していた。そのシステム概念が，社会システムという形で適応範囲を広げる中で，さらに「目的性」が付与された。

　われわれは過去に目を瞑（つぶ）ってはいけない。過去を振り返ることは，われわれに豊富な知識を提供してくれる。その知識は歴史の中で生き残ってきたも

---

27) C. Merchant, *op. cit.*, p.152.（邦訳196頁）。
28) P. F. ドラッカー著，1994，前掲訳書，322-323頁。

のであり，卓越した知識であり，実際に使用され，認められてきたものである。時間の経過は不必要なものを急速に捨象していく。過去は経験であり，知識であり，未来を指し示す羅針盤である。また，過去は，現在を分析する枠組みを提供してくれるのである。

　われわれの研究対象である「企業と社会」をひとつの体系として示すには，われわれにはあまりにも時間がなさすぎる。われわれがひとりで積み重ねることのできる経験や知識は微々たるものである。そこで，われわれは，制度学派であるJ. R. コモンズ，C. I. バーナード，P. F. ドラッカーの諸学説を引用させていただいた。その中から学んだ制度維持論から制度改革論への転換は，私にとって，大きな転換点であった。同時に，大きな転換点にある，わが国の市民—企業—国家について将来の在り方を分析する枠組みを提供してくれた。

　終章である第Ⅴ章では，「組織社会」「制度社会」「ネットワーク社会」の3つの観点から，社会再生について，その答えを提示したいと考えている。これらの3重の社会は，企業を維持するための条件である，人間主義，市民主義，環境主義に対応している。

第Ⅴ章
わが国企業社会の再生

　わが国は，1990年を境に，社会全体が方向性を喪失していった。その中で問われたのは，政財界のリーダーシップであった。しかし，実際は，政財界のリーダーたちも方向性を示すことができず政治や財界への不信が高まり，支持を失っていった。将来のヴィジョンを示すこともなく，他力本願である「個人主義と自由主義にもとづいた能力主義や自由競争を原理としたネットワークおよびボーダレス社会」に突入していった。つまり対立と競争にもとづく「国民主導型の競争ネットワーク社会」に変貌していった。

　この時機，政財界のトップリーダーは，「このような混沌とした状態の中で，先が読めるわけがない。」とか，「明日のことが分からないのに，何年も先のことが分かるわけない。」などと言い続けてきた。明日の問題は，現在の動きの中に存在しているのであり，将来の課題に取り組むために，今すべきことは，まず現状を広い目的の観点から分析することである。この将来の課題に取り組むためには，同時に，さまざまな視点からの分析が必要である。課題に関係しうるとみられる，あらゆる知識を可能な限り収集するとともに，何らかの基準にもとづいて，ファイリングすることが必要である。

　このような方法で，将来を指し示すことができなければ，政財界の支持者たる市民は，早晩，不信を募らせ，反支持者に廻り，自立・自律化するか，自己を見失い自暴自棄に陥るといった，極端な方向に追いやられることになる。

わが国の社会全体が方向性を失った背景には，既存製品・産業の技術革新の限界，既存の経済や産業の成熟化，国内の既存製品市場の縮小や細分化・分散化，将来への不安による国内需要の減少，急速な少子・高齢化社会への移行，労働人口の減少，海外生産の加速度的進行，海外との経済の一体化に対する変化への対応の経験不足などがあると考えられる。これに伴い，企業収益が減少し，そのことによって市民としての国民の所得が減少し，したがって可処分所得が減少し，さらに購買意欲を低下させる。将来への不安からも一層購買意欲を低下させる。企業の収益が減少することは，国家予算を減少させることになる。国家予算が減少することは，これまで景気対策とされてきた公共投資の予算も削られることになる。もちろん，今日では公共投資による景気浮揚は，あまり期待できない。なぜならば，公共投資の経済効果がますます減少しているからである。企業や市民への補助金や減税は，ますます国家予算を圧迫し，赤字幅を拡大し，いわゆる大きな政府をつくりあげることになる。資本主義社会においては，市民—企業—国家は一体化しており，一部が膨らめば，他の一部が縮小することになる。福祉産業や環境産業を含む，新産業や新事業などへの期待がますます高まりつつある。

　このような中で，社会全体の方向性が失われ，政財界レベルだけでなく，市民レベルでも相互不信が高まる中，社会秩序の混乱，社会制度やシステムの破壊が進行していった。このような中，日本的経営も見直しが迫られてきた。日本的経営は崩壊したという見解もあるが，その背景となってきた日本文化はそれほど変化していないようにも思える。なぜなら，ひとつの制度としての文化や習慣は，長年培われてきたものであるがゆえに，よほどのことがない限り，急速に変化することはない。もちろん，見直すことの必要性を否定するものではない。このように，市民間，市民と企業，市民と企業と国家などの間での相互信頼関係が喪失しつつあることと相まって，さまざまなレベルで倫理・道徳が失われたり，変質してきた。将来の方向性を位置づける信念・信条に関わる変化は，社会の根幹を変える可能性をもつ。

前述したように，経済社会が不活発となる中，1990年代中頃，経済社会活性化のために，「新自由主義」という元来の資本主義に立ち帰るという考え方が勃興してきた。このような考え方は，個人とりわけ資本家（所有経営者）の自由な経済活動，大きいことは良いことだ（規模の経済の追求），能力主義・成果主義，拝金主義，自己責任，画一化・マニュアル化，勝ち組・負け組いわゆる格差の容認などが進行し，その進行とともに，国民の不満・不安がますます募っていった。このような考え方は，市場主義にもとづいており，市場主義の弊害を無視するものであった。改革は一部の人びとを利するだけで良しとするのは，あまりにも無責任である。改革は長期にわたって，しかも広く深く影響を及ぼすものであることを忘れてはならない。そして改革は「中身」の議論を，じっくりと時間をかけてやらねば，支持は得られないことを認識することが重要である。

そこで，われわれは謙虚に，原点に立ち返り，ムダやムリを排除し，将来の方向性を示す理念や道徳などを提起し，絶対的に必要なものは何かを，じっくり時間をかけ見直すことが必要である。そのためには，まず視野を広げること，長期的な視点に立って社会，つまり市民―企業―国家を見直すことである。さらに，①経済・社会・福祉などの面でわが国の先陣を切ってきたフランスやドイツ，スウェーデンやフィンランドなどのヨーロッパ諸国に学ぶことも重要である。つまり②バランスのとれた経済社会国家や福祉国家から学ぶ必要がある。③単なる拡張・拡大路線や画一的なグローバル化を進めるのではなく，むしろ独創性をもった，それぞれのユニットの特性を活かす方向に進んでいる国や地域に注目し，わが国は選択吸収を行う時機に来ている。もちろん，ヨーロッパ諸国に学ぶとしてもわが国の制度に合わせた形での移入をすることが必要である。

以上のような認識のもとに，わが国企業社会の再生の方途について探索することにしたい。そのためには，現状の認識と体系化が必要である。本章では，現状を次のように認識することを仮説としたい。つまり，経済活動が不

活発となり，経済規模が縮小し，企業業績も落ち込み，先が読めず，どうして良いか分からず，反面，個々人や組織が自立・自律し，あるいは独立し，相互不信が広まり，バラバラな状態で格差が広がりつつある社会を想定しておきたい。

このような仮説への対応策を考えよう。それは，現代企業社会の3層構造からみた対応策に限定する。

①組織社会からみた対応策——ⓐ将来ヴィジョンの生成，ⓑ現代社会のつなぎとしての仕事と技術の見直し，ⓒ共同体としての日本的経営システムの見直し。

②制度社会からみた対応策——ⓐ社会的機能としてのマネジメント，ⓑ企業倫理の見直し，つまり西洋思想と東洋思想の分析にもとづく企業倫理の再構築，ⓒ未来と道徳準則の創造，つまり経営管理責任の遂行。

前述した西洋思想はキリスト教であり，社会的責任を優先するとともに，何が正しいのかを分別することを重視するものである。それに対し，東洋思想は，主に儒教を意味し，相互依存を大切にするものである。

③ネットワーク社会からみた対応策——自立性・自律性・独創性をもった，それぞれのユニット（例えば企業や組織）のネットワーク化。

したがって本章では，1．わが国「組織社会」のつなぎ，2．「制度社会」の倫理と道徳，3．「ネットワーク社会」の共創化について，それぞれの節で考えてみよう。

1　わが国「組織社会」のつなぎ

前述したように，現代企業は人間主義，市民主義，環境主義にもとづいた経営が期待されている。これらのうち，人間主義は組織社会の編成の原理であり，市民主義は制度社会の編成原理であり，さらに環境主義はネットワーク社会の編成原理である。それぞれに編成された組織社会，制度社会，ネッ

トワーク社会は，現代企業社会の3層構造をなす。

この第1節では，わが国「組織社会」の編成原理に関わる諸問題について取り上げる。それは以下のような項目である。つまり，将来ヴィジョンの生成，組織社会のつなぎとしての仕事と技術，さらに共同体としての日本的経営の再構築である。

1-1　将来ヴィジョンの生成

有意義と思われる目的，明確な価値観，未来のイメージを内包する「共通のヴィジョン」があることは，各メンバーが自社の使命の意味を理解し，かつ各メンバー自身が働いている目的と生きている目的を理解していることである。何のために働いているのかを，各メンバーが理解しているということは，あふれんばかりのエネルギーと感動と情熱が存在することであり，当該組織が活性化されているということであり，そこに組織メンバー間が強い信頼と尊敬の念で結ばれていることを意味する[1]。

説得力のあるヴィジョンを生み出すための3つの基本要素は，有意義な目的，明確な価値，未来のイメージである。

(1) ヴィジョンの要素1——有意義な目的

目的は以下のような意義をもつ[2]。

①目的とは組織の存在意義を内包する。

②「なぜ」という問いに答え，かつ「高い理想」を内包する。「製品は人のためにあるものであって，利益は後からついてくるものである。」

③顧客の視点に立ち，その組織の「真の使命」を明らかにしたものであ

---

1) Ken Blanchard and Jesse Stoner, *Full Steam Ahead !*, Berrett-Koehler Publishers, 2003. (K. ブランチャード，J. ストナー著，田沢希久子訳『ザ・ビジョン——進むべき道は見えているか——』ダイヤモンド社，2004年，30-38頁，一部加筆修正)。
2) 同上訳書，48頁，50-51頁，63頁。

り，「生活の質を維持・向上させるような，すぐれた製品・サーヴィスを社会に提供することである。」

④偉大な組織における目的は社員の意欲をかきたて，やる気を起こさせるような深遠で崇高なものである。

⑤人びとの心に伝わる「意味」をもつものである。

(2)ヴィジョンの要素2——明確な価値観

「価値観」（value）とは，信念や理想である。個人レベルの価値観とは，次のような意味内容をもつ[3]。

①自らの心の「平安」

②自らの「健康」

③他の人びとと味わう「喜び」

これは，有機体としての個人の「平安と健康」（独立した個人の側面）と「喜び」（社会的側面）を言い表わしている。

自分にとって何が正しくて，何が大切かは，その人の価値観によって決まる。そして人びとはこの価値観を目安に判断し行動を選択する。「価値観」とは「目的を達成するために，日々，どのように行動すれば良いか」を教えてくれるものである[4]。

目的は「なぜ」を，価値観は「いかに」を説明するものである。この価値観とは，次のような意義をもつ[5]。

①価値観とは，目的達成のプロセスと，その行動を方向づけるものであり，ゆるやかなガイドラインである。

②価値観とは，「自分は何を基準にして，どのように生きていくのか」という問いに答えるものである。

3）同上書，74頁，76頁を参考に要約し，順番も入れ換えてある。
4）同上書，76頁。
5）同上書，81-82頁。

③価値観とは,その内容を具体的に明確にするものである。
④価値観とは,行動を伴うものである。
⑤メンバー一人ひとりの価値観と組織の価値観の融合を必要とするものである。

(3) ヴィジョンの要素3——未来のイメージ

未来のイメージは,次のような意義をもつという[6]。
①未来のイメージは,創り出したいものに焦点をおくことである。
②最終結果そのものに焦点をおくことでもある。
③最終結果のイメージにもとづいて明確に描写することである。

このように未来のイメージは,希望や要求と結果に焦点をあて,最終結果をイメージしながら明確に描写することである。

第Ⅱ章で議論したC.I.バーナードに従うならば,現存し,多様で,動態的な物的・生物的・社会的要因からなる「協働システム」の共通要素が静態的・抽象的「組織」概念であった。その組織の構成3要素は「共通目的・コミュニケーション・貢献意欲」であった。別の観点からみれば,現存する「協働システム」の中心に位置づけられる「経営管理組織」が目的的にすぐれた経営管理機能の遂行の結果として生成されたのが,ここでいう「組織」として位置づけることができるのであった。そして高遠な理想や希望を反映する道徳的創造性によって,協働システムの永続性を確保するというものであった。

本項で議論してきた将来ヴィジョンへのアプローチでは,組織メンバーが強い信頼と尊敬の絆で結ばれ,一丸となり,「共通の目的・共通の価値観(信念や理想)・未来の共通イメージ」をもつことの必要性が強調されている。このような共通要素を生み出すには組織の各メンバーが,それぞれ明確な目的や価値観をもっていることが大前提となる。それでこそ,明確で有意

---

6) 同上書,100頁。一部加筆修正。

義な未来のイメージを描くことができ，全体としての将来のヴィジョンを描くことができるのである。その将来のヴィジョンが，組織メンバー各個人に期待や理想や希望といった未来を付与するのである。

同時に，この将来ヴィジョンの生成のためには，経営管理組織の創造的職能が働いていることはいうまでもない。

以上，本項では将来のヴィジョンの生成について，組織メンバーの共通要素の意義を中心に議論してきた。それは，組織論の出発点に関連する議論であった。次の第2項では，仕事の組織について，技術問題の視点から議論したい。

1-2 組織社会のつなぎ――仕事と技術

仕事の絆は，家族や親族に次ぐ，もっとも強い社会的な絆である。仕事の組織は，家族や親族の組織と同じように，ある種の帰属意識をもつコミュニティを形成し，社会秩序にも影響を与える。この仕事の組織は，主として技術や道具や動力によって決定づけられる。あらゆる工場において，その社会的組織は仕事によって規定され，仕事は大量生産と組立てラインの技術によって規定される[7]。

以下，「技術」について，さまざまな角度から取り上げよう。

(1)技術概念の変化

P. F. ドラッカーによれば，この200年間における人間社会の爆発的な変化は，「科学の進歩」によってもたらされた「技術概念の変化」であるという。技術が科学にもたらした変化は，科学の概念とイメージを大きく変えた。「科学」そのものの定義は「合理的知識の体系的追求」であって変わらない。しかし「知識」の意味が大きく変わった。科学は自然哲学から社会機関たるものへ変わった。つまり「科学」は社会的・政治的な基本問題を提起するも

---

7) P. F. ドラッカー著，1994，前掲訳書，166頁。

のへと変わった[8]。

(2)科学知識と技術

現代では「理論と実践」との間に一貫性がある。そこで「科学知識」が「技術」に転化し，あるいは「技術」が「科学知識」に転化しうることは当然である。「技術」は学習できる体系的原理となった。技術は，既存の知識を集めて体系化し，それらの知識を組織的に適用し，それを公にすることによって生まれた。このような技術の出現は，技術そのものの急速な進歩，学習と教授の可能な体系的原理としての技術の確立，科学を技術という新しい体系を育てる方向に向かわせた[9]。

(3)技術革命の結果とその影響

P. F. ドラッカーによれば，世界の共通文明をもたらした技術革命は，世界において高度に発達し，深く，慈しまれ，愛されている昔からの歴史・伝統・文化・価値観を侵食し，解体しつつあるという。この技術革命は応用と認識，物質と精神，手段と目的，管理と知識の一体化をもたらしつつある[10]。言い換えれば，現代では理論と実践に一貫性があるように，今日の技術は行動の世界と知識の世界を結びつけるものであり，人類の歴史とその知識の歴史を結びつけるものである[11]。

これまで，真空管技術の導入（1907年以降），トランジスタ技術の導入（1955年以降），IC（集積回路）技術の導入（1965年以降），IT（Information Technology）革命（1980年代以降）などの技術革新は，物質的な意味では，われわれの生活スタイルを変えてきた。

これらの科学技術文明の進歩・発展は，われわれの生活に，物質的豊かさや便利さ，さらに快適さまでをももたらしてきた。われわれは先進国で生活

---

8) 同上書，169-170頁。
9) 同上書，171頁，173頁，176-177頁。
10) 同上書，181-182頁。
11) 同上書，185頁。

している限りにおいて，それらの豊かさや便利さを，いつでも，どこでも，誰でも享受できるようになった。物質的には，各自の生活スタイルは，他の人びととの格差がなくなり，平準化や一体化や画一化していった。このような技術革新による生活スタイルへの影響は，時には，多様な生活・文化を一体化や画一的な方向に向かわせる可能性もある。

このように，われわれの生活スタイルは，技術革新によって，特に，物質的な意味では，高度化し，便利さ，快適さを享受できるようになった。しかし，地域別・国別で見れば，生活習慣や生活水準，宗教などの文化については，まだまだ地域性や多様性，さらに独自性をもっている。イデオロギー活動や布教活動に見られるように，ひとつのイデオロギーや宗教が一体化し画一化していくのは歴史の事実である。他方，アレンジされ，まったく変質していく場合もある。宗教の多様化は，キリスト教や仏教などにも見受けられる。

科学技術の開発・生成段階では個別性・多様性・変化性・協調性が必要とされる。ある一定の広がりと安定性をもつと，科学技術文明は一体化や画一化という特徴が強調される。他方，文化は，地域性や多様性・変化性が強調される。地域性をもつ文化も，他の地域や国境を越えた広がりをもつ。

例えば，日本的といわれる，わが国の特徴的文化が，広がりをもって海外で展開され，定着することもありうる。それが相手国や地域で受け入れられ，定着するならば，それは日本的文化の広がりであり，一体化を促進させることになる。

1－3　共同体としての日本的経営

経営社会学的には，企業は経営者と労働者あるいは多くの人びとが共同で働き生活する場である。日本的社会システムにもとづいて編成されている日本の組織社会は，緊密な関係にある人間の集まりとしての共同体あるいは生活共同体として把握できよう。このような生身の人間の集まりとしての共同

体という捉え方は，前近代的だという批判もある。しかし，人間は感情的な動物でもあり，限界的でもあり，合理性にもとづいた判断力をもつという機能的な面だけですべてを語ることはできない。まず人間をあるがままに捉えることが重要である（全人格としての人間）。

今日的課題としての日本的経営の再構築のためには，日本の組織社会の構造を明らかにする必要がある。この日本の組織社会は日本的経営システムにもとづいて編成されている。その日本的社会システムは，次のような項目からなる。

(1) 日本の文化的・伝統的土壌

①自然への畏敬——これは東洋思想，つまり人間は自然と共に存在するとし，自然との共生を基礎とする考え方にもとづいている（特に道教）。

②先祖・年配者の尊重

③徒弟・暖簾(のれん)分け制度——日本の家内工業・商業の時代からのひとつの制度として息づいてきた。

(2) 日本的思考システム

これは日本的な組織編成の元となるような考え方である。それは，次の3つの内容からなる。

①平等主義（横並び）思考

②対立や問題回避思考

③ボトム・アップ思考

(3) 日本的雇用システム

日本的雇用システムは，基本的に，器と中身からなる。それは，次の3つの内容からなる。

①器としての企業内組合と，定着率を高めるための企業内長期教育と企業内福祉制度

②特に若年労働者に将来への期待と希望を保持し続けることを意図した年功序列賃金・昇進制度

図表Ⅴ－１　日本的社会システムの構造

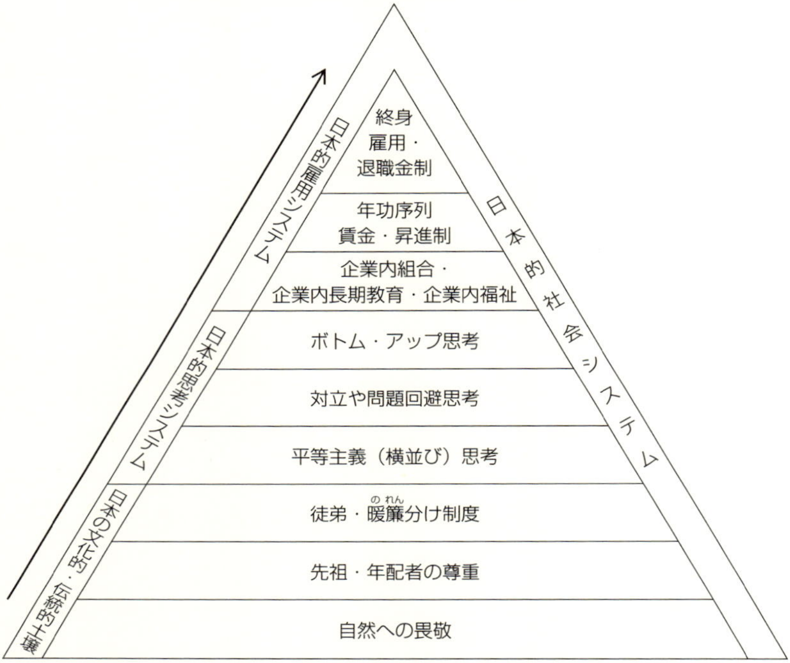
日本的雇用システム
日本的思考システム
日本の文化的・伝統的土壌
日本的社会システム
終身
雇用・
退職金制
年功序列
賃金・昇進制
企業内組合・
企業内長期教育・企業内福祉
ボトム・アップ思考
対立や問題回避思考
平等主義（横並び）思考
徒弟・暖簾（のれん）分け制度
先祖・年配者の尊重
自然への畏敬

③特に年配者に最後まで希望をもたせ，動機づけるための終身雇用・退職金制度

以上の内容を図式化したのが図表Ｖ－１　日本的社会システムの構造である。

以上，わが国の組織社会のバックボーンとなっている日本的社会システムを構成する①日本の文化的・伝統的土壌，②日本的思考システム，③日本的雇用システムについて概観してきた。わが国企業社会は，先が見えないといわれて久しいが，第１節では，原点に立ち帰るとともに，社会のつなぎとしての仕事と技術を考察し，日本独特の社会システムについて考察してきた。それは，対象となる範囲を広げ，対象項目を広げることによって，追求しよ

うとする問題へのアプローチ方法が，さまざまな形で増えると考えてきたからである。

　日本人は原点に立ち帰り，再度，日本の良さを見直し，対立を煽(あお)るのではなく，個々人が自立・自律し，独創性をもち，さらに，個々人が協力し，共同し，何か新しいものを生み出すシステムづくりが大切である。技術革新や研究開発，さらに生産システムなどの高コスト化が進行する中，個々人がバラバラでは，ますます国際社会の動きにはついていけなくなる。むしろ国際社会においても，ますます，その協力・共同関係を広げていかねばならない。したがって社会学的にも，「競争・共生社会」から「共創社会」の建設こそが大切な時機に来ている。

　硬直化した社会や組織のフレキシビリティを高めるためには，多様な人材や多様なアプローチを認め「多様性」を確保し，「変化性」を高めることが必要である。そのような努力によって，将来のビジネス社会が生成されるのである。日本的社会システムも，多様性や変化性を内包したものへの変更が期待される。自立・自律の独創性と同時に，協力・共同システムの形成が期待される。

2　「制度社会」の倫理と道徳

　企業社会の3層構造のうち，「組織社会」に次ぐ，第2の層は「制度社会」である。そこでこの第2節では，P.F.ドラッカーの制度化された組織社会におけるマネジメントである社会的機能，西洋思想にもとづく企業倫理と東洋思想にもとづく企業倫理，さらにC.I.バーナードの未来と道徳準則の創造について議論することにしたい。

　前述したように，ここでいう「制度社会」とは制度化された組織を指す。その制度化とは，社会制度の一員として認知され，市民社会に対して，社会的責任の遂行や社会的貢献を果たすレベルにあることを意味する。このよう

に制度化された組織は，社会から規制を受ける存在であるため，社会を組織するメンバーから支持を得るために，「不公正を是正する」という立場を基本理念とする。

2-1 社会的機能としてのマネジメント

マネジメントとは，あらゆる組織にあてはまる機能であり，それは経済的というよりも社会的機能である。

この社会的機能を遂行するマネジメントに関して，第2次世界大戦後の約50年間のうちに2つの変化があった。そのひとつは①マネジメントそのものに関する概念と手法の変化で，経営管理者が「何をなすか」「いかにすべきか」を変更させるものである。より重要なもので，②マネジメントを取り巻く客観的で現実的な急速な変化であって，経営管理者とは「何であるか」つまりその役割を変更するものである[12]。つまり，今日の，より現実的なマネジメントの理論と実践の基盤について，以下のように，6点にまとめることができるという[13]。

（前提1）先進工業社会では，重要な課題はすべて，組織されかつマネジメントされた機関において遂行される。多元的な組織社会である現代社会におけるマネジメントは，一般的で中心的な「社会的機能」である。

（前提2）今日，社会は急速に組織社会化しつつある。そこで，企業を含むあらゆる組織が「生活の質の向上」に責任をもつべき存在となっている。もはや，マネジメントは「社会の基本的な価値・信条・目的の実現」に責任がある。その責任は，あらゆる組織にとって，継続して行うべき本業の目標でなければならない。

（前提3）「企業家精神によるイノベーション」こそが，マネジメントの中

---

12) 同上書，106頁。
13) 同上書，114-123頁。

心となり，中核となる。

　(前提4) 先進工業国にとって，マネジメントの主要な任務は，当面，「知識を生産的なものにすること」である。知識を生産的なものにするのが「知識労働者」である。今日，先進工業国の経済にとって，本質的な資源，基本的な投資，そしてコスト・センターは，正規の教育から学んだ概念・知識・理論を使うことのできる知識労働者である。

　(前提5) マネジメントには手法や技能，概念や原則が存在する。マネジメントは「文化」であり，価値観と信条の体系でもある。マネジメントとは，それぞれの社会が自らの価値観と信条を生産的なものにするための手段である。マネジメントは「急速にグローバル化しつつある文明と，多様な伝統・価値観・信条・遺産を表わす文化の掛け橋」でもある。

　(前提6) マネジメントこそが「経済的・社会的発展をもたらす原動力」である。経済的・社会的発展は，マネジメントの結果である。

　以上をまとめると，先進工業社会は多元的な組織社会であることから，マネジメントは①社会的機能であること，②生活の質の向上を目指すこと，③その中核はイノベーションであること，④知識を生産的なものにすること，⑤科学技術文明と社会的文化の掛け橋であること，⑥経済的・社会的発展の原動力であること。

　このようなマネジメントの概念に内包される用語は，①社会制度化，②社会的責任，③イノベーション，④ナレッジ（知識），⑤文明と文化，①～⑤までの結果としての⑥である。

2-2　西洋と東洋における企業倫理

　社会的機関としての企業における「企業倫理」について，2つの視点から分析する。まず企業倫理についてのアプローチとしての2つの哲学，さらに西洋における企業倫理，東洋の企業倫理について取り上げる。

(1)企業倫理へのアプローチ

企業倫理へのアプローチには，次の2つの方法があるという[14]。

①西洋哲学──西洋の伝統に立つならば，企業だけの独特の倫理はないという。つまり西洋の哲学では企業倫理という用語自体がなじまない。そこにあるのは倫理という概念であり，その倫理の基礎は神であったり，人間の本性であったり，社会的ニーズであったりする。また，倫理的な行動ルールについても異なる考え方がある。つまり人間の行動については，つねにひとつの倫理，一組の道徳規範，ひとつの法体系のみが存在し，つねに同一のルールが適用されねばならない。倫理という基本公理は，すべての人間は平等であるということの確認であるが，企業倫理では，その基本公理を否定する。

②東洋哲学──特に儒教による答えであり，存在しうる倫理は多様な関係のもとで，ともに働き，ともに生きる，あらゆる人間集団に適用されるべきひとつの倫理である。

(2)**西洋における企業倫理**

P.F.ドラッカーによれば，西洋における企業倫理は，次のような2つの意味があるという[15]。

①企業倫理とは「決議論」である。決議論とは，宗教的・倫理的規範が社会的責任と衝突する場合，社会的責任を優先させようとする理論である。つまり社会的責任を倫理的絶対として把握する理論である。したがって企業倫理は，企業やその経営者（executive）が社会に対して影響力をもつという理由から，彼らに課された社会的責任が彼らの倫理を規定する。決議論は，必然として，支配者や権力者の行動を正当化する道具にされてしまう。彼らは倫理の要求からはまったく自由なのである。

今日では，企業の経営者の倫理は，その社会的責任を体現しなければならないということから，決議論の原点と同一である。

---

14) 同上書，129頁，134–137頁。
15) 同上書，139頁，141–142頁，147–148頁，150–152頁。

②企業倫理とは「分別の倫理」でもある。分別の倫理は，何が正しい行動かを明らかにするものではない。分別は，リーダーたちに対して，倫理的な義務つまり自らの行動によって倫理の規範を体現することを要求する。経営者は，組織とその中にいる人間のための基調を定め，精神をつくり価値を決定する。分別は，トップにとって簡単に理解できず，説明できず，正当化もされない行動は避けるべきであることを要求する。

分別の倫理はオーソリティ（権威）の倫理であるが，今日の企業倫理の議論では，特に経営者のオーソリティを拒否しているにもかかわらず責任だけを追及している。オーソリティの否定されているところに責任はない。

(3) 東洋における企業倫理――儒教における相互依存の倫理

規則の中には，すべての人間間の相互作用を含む。この相互依存の関係における正しい行為，すなわち「誠実さ」は真に適切な個人の行為であり，両者のベネフィット（利益）が最大となり，そこに調和や恩恵，信頼が生まれるからである[16]。

以上のように，相互依存の倫理には，義務だけが存在し，その義務は双務的である。調和と信頼，すなわち相互依存においては，双方が，かつ相手が目的を達し，自己実現をはかるために必要とするものを付与する義務をもつ。この相互依存関係は双務的かつ平等でなければならない。これを「義務の双務性」という[17]。

これは，当事者双方が相互に，平等に，義務を果たすことである。このような当事者間の関係は，これまで個人間の取引，誘因と貢献などと言われてきたものであり，相互に，平等的な利益がなければ基本的には成立しえない関係である。個人と組織間においても，制度化された組織社会は相互依存関係にあるが，そのことを再認識することが必要である。

---

16) 同上書，152-153頁。
17) 同上書，156-158頁。

倫理・道徳は，制度化された組織社会においても，一人ひとりの人間の心理に関わる問題である。この組織社会は相互依存の社会である。この組織社会における有効な原則は，儒教の基本的な考え方である。「相互依存」を説く儒教の倫理を永続的かつ効果的たらしめる条件は，次の4点であるという[18]。

　①「基本的な人間関係」の明確な定義と，（個々人の職務範囲の柔軟な規定）。

　②一般的かつ普遍的な行動規範，つまりその「原則や役割」において，あらゆる個人と組織を等しく拘束していること。

　③「正しい行為」に焦点を合わせていること。

　④有効な組織の倫理，つまり関係者全員のベネフィット（利益）を最大にし，相互依存関係を調和のとれた建設的で互恵的なものとするような行為を「正しい行為」と規定すること。

　第1の条件については，（　）内の部分は著者が書き加えた。日本では，規定される，職務範囲がアバウトであり，相互に重なる部分がある。そこで相手方の職務範囲と考えられるところまで，その組織やユニット組織に所属する仲間同志で相互に補塡しあえる。生産現場では，ジョブ・ローテーション，オン・ザ・ジョブ・トレーニング，単能工から多能工へといったことが，人びとの相互依存を指し示す用語である。第2の条件は，F. W. Taylerの科学的管理の中でも，労使の役割の公平な分担という形で提起されていることでもある。第4の条件は，もっとも重要な条件と考えられる。この第4の条件は，日本的労務制度の基本的枠組みである企業内組合が導入されれば，満たされる条件である。企業内組合制度が導入されれば，企業の利益は，組織メンバー個人の利益という考え方が生成される。したがって集団的意識が芽生え，作業改善や生産性向上，品質向上などのための改善活動が

---

[18] 同上書，161頁。一部加筆修正。

活発となる。それが延いては、企業業績や職場業績の向上に繋がり、さらに労働者のモラールも高まる。それによって、さらに愛社精神（loyalty to one's company）も高まることになる。日本的労務諸制度は、組織メンバーの相互依存を高める制度でもある。このような相互依存を高めることによって、強力なパワーが生成されることになろう。ネットワーク化も相互依存性を高める方法でもある。同時に、将来の高遠な理想や希望・期待・ヴィジョンは、組織メンバーの相互依存性を高め、ひとつの方向に向かわせ、一体化させるものである。

2-3　未来と道徳準則の創造

　第Ⅱ章第3節で述べたように、C. I. バーナードは、現存する、あらゆる協働システムに共通する部分を（一般的・抽象的）組織と名づけ、それはコミュニケーション、貢献意欲、共通目的という3要素からなり、それらの3要素を外部事情に適するように結合することによって、その組織は成立しうるとした。組織の3要素の外部事情への適合ということは、一般的・抽象的組織概念の実践に向けての第一歩を踏み出すことである。それは、一般的・抽象的組織概念が、あらゆる現存する組織（＝協働システム）のエッセンスであり共通要素であることの証左でもある。一般的・抽象的組織概念のもうひとつの実践化の第一歩は、先の3要素から導き出される、3つの経営管理職能である。それは「コミュニケーション・システムの形成と維持」「貢献意欲の確保と維持」「目的と目標の定式化」である。さらに、これらの実践的経営管理職能は「有効性」と「能率」という2つのメルクマールの達成によって「存続と成長」を成しえるというものであった。

　この本項では、協働への永続性や協働システムの永続性確保のための「道徳の創造的職能」を中心的課題としたい。その内容はリーダーシップ、道徳と責任、経営管理責任の体系、経営管理責任と道徳性である。

(1) **リーダーシップの2つの側面**

C. I. バーナードによれば，リーダーシップは次のような2つの側面からなる[19]。

①技術的側面——体力，技能，技術，知覚，知識，記憶，想像力における個人的に優越性をもつ訓練や教育によって育成が可能な側面。

②責任の側面——より一般的で不変で主観的なもので，決断力，不屈の精神，耐久力，勇気における個人的に優越性をもち，社会の態度と理想およびその一般的諸制度を反映するもので尊敬と敬意を集める側面。さらに人の行動に信頼性と決断力を与え，目的に「先見性と理想性」を与える側面。

このリーダーシップの2つの側面のうち，責任の側面が重視され，その中でも先見性と理想性に関わる側面への注目が集まる。

(2) 道徳と責任

倫理学（ethics）の中心問題は，道徳（morality）の規範を明らかにすることであり，善とは何かを解明することである。道徳とは，ある社会で一般に承認された行為の規範であり，法制度化されたものと，個々人の行為を規制する内面的なものへと分化したと考えられる。

バーナードによれば，道徳は，次のような2つの傾向をもつといわれる[20]。

①直接の特殊的願望，行動や関心を抑制，コントロール，修正させる傾向がある。

②各個人の道徳が一致する場合には強化される傾向がある。この傾向は合理的ではなく，情操，感情や情緒的なものである。

このように「道徳」は個人に内包するもので，「責任」とは各個人の行為をコントロールする特定の「私的道徳準則（moral codes）」を凝集化させるパワーである。

---

19) C. I. Barnard, *op. cit.*, p.260.（邦訳271頁）。
20) *Ibid.*, pp.260–261.（邦訳272–273頁）。

ここでいう「私的道徳準則」は，①諸個人あるいは比較的に少数の人びとの特殊のもの，あるいは個々のものと，②多くの人びとに共通とみなされるもの，つまり公的準則や共通準則とに分けられる[21]。

　ここで問題は，誰が「私的道徳準則」を行使するかである。つまり公的準則や共通準則がどのようなプロセスを経て形成されるかである。もちろん時間の経過という概念や，例えばリーダーたる経営管理者などの何らかのパワー行使が関わってくるとみられる。

　各個人のもつ倫理とその中心に位置する道徳は，もともと個人的で内面的なものである。バーナードによれば，そこに経営管理者の「責任」という何らかのパワーが加わることによって凝集化されるという。それは各個人への働きかけとされるが，「責任」という名のものでの強制的な支配権の行使という危険をはらんでいる。なぜなら倫理や道徳は個人の内面に存在し，各個人の価値観にその出発点があるからである。

　この点に関しては，ここまで議論してきた人間主義の問題とも深く関わっている。バーナードによれば，誘因と貢献，取引，組織メンバーの権限の受容，「先見性と理想性」を付与した目的による組織メンバーの動機づけ，個人目的と組織目的などといった用語によって，ある程度，説明しうるだろう。

(3) 経営管理責任の体系

　前述のような私的道徳準則に働きかけるという「責任」つまり経営管理責任については，次のような分類がなされている[22]。

　①複雑な道徳準則への順応（の遵守）

　②他の人びとに対する道徳準則の創造，つまり道徳的創造性の職能の側面である。以下のような側面が考えられている。

---

21) *Ibid.*, p.265.（邦訳276頁）.
22) *Ibid.*, p.279.（邦訳291-292頁）.

ⓐ組織内での「モラール（士気）」の確保・創造・鼓舞，つまり協働システムさらに客観的権威の体系に，観点や基本的態度や忠誠心を教え込むプロセス。
　ⓑ技術の標準に対する道徳性の確立。
　ⓒ道徳的なコンフリクトを解決するための道徳的な基礎の案出。
(4) 経営管理責任と道徳性の広さ
　経営管理責任とは，主としてリーダー自身の外部から生ずる態度・理想・希望を反映しつつ人びとの直接目的（現在の目的）やその時代を越える目的（将来の目的）達成のために人びとの意思を，やむをえず結合するリーダーの能力である[23]。

　バーナードは「目的が高遠で，多くの世代の多数の人びとの意思が結合されるときに，組織は永遠に存続する」という[24]。

　このような永続性が付与されるのは，永続的な協働の基盤となっている道徳性が個別的で内的で多次元だからである。この道徳性はリーダーシップの質を左右するものである。高いレベルのリーダーシップは，道徳的抱負の高さや道徳的基礎の広さに決定づけられる。

　組織はこの道徳性の広さに比例して長続きするが，その協働の永続のための基礎が，予見（foresight），長期目的（long Purposes），高遠な理想（high ideals）である[25]。この関係を表わしたのが，図表Ⅴ－2　協働の永続性とその関係要因である。

　これらの協働の永続性を付与する道徳性は非常に多岐にわたり，広く，深いものである。われわれには，他人の道徳を理解するのは，なかなか困難である。また道徳性から派生する「予見・長期目的・高遠な理想」は，それらをもつ各個人の行動や発言から推察したり，理解する以外にはできえない。

---

23) *Ibid.*, p.283.（邦訳296頁）。
24) *Ibid.*, p.284.（邦訳296-297頁）。
25) *Ibid.*, p.282.（邦訳295頁）。

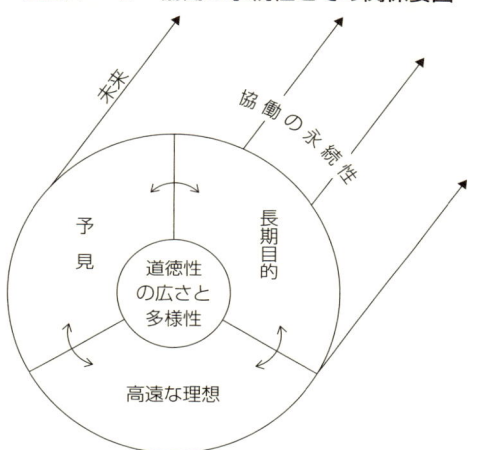

図表Ⅴ-2　協働の永続性とその関係要因

（未来／協働の永続性／予見／長期目的／道徳性の広さと多様性／高遠な理想）

トップリーダーは，外部からの影響を受けつつ，自らの倫理の中心にもつ道徳から生成される「予見・長期目的・高遠な理想」をつねに，組織メンバーに説明し，説得し，納得してもらえるような努力が不可欠である。同時に，それらを少しでも現実に近づけるには，組織化や制度化がもっとも身近で，可能性の高い方法である。

バーナードは，これまでの議論の結論として，次のように述べている。つまり「協働する人びとの間では，目に見えるものが，目に見えないものによって動かされる。真空の中（無）から，人びとの目的を形成する精神が生ずる。」[26]と結論づけている。

---

26) *Ibid.*, p.284.（邦訳297頁）。

3 「ネットワーク社会」の共創化

　企業社会の3層構造のうち，人間主義にもとづく組織社会，市民主義にもとづく制度社会に次ぐ，第3の層は，環境主義にもとづく「ネットワーク社会」である。

　このネットワーク社会は，①全体性・相互依存性・目的性という特徴をもつ「システム」，②いつでも，どこでも，誰でも，その利便性を享受できる「情報システム」，③相互依存的な経済性・社会性・環境性のバランス型社会，および経済的・社会的・環境活動などあらゆる人間活動の循環型社会を形成し，自然・人間社会のサスティナビリティ（持続可能性）を高めようという「環境主義」などにもとづいて考え出されたものである。

　わが国社会は，経済成長とともに，次第に，「高コスト社会」がもたらされてきた。前述したように，技術の高度化や産業の高度化によって高コスト社会が形成されてきた。そこで高コストを少しでも引き下げる努力が必要である。コストを下げるには，企業間の資源や技術を共有したり，研究所を共同で運営するなど，二重投資を避けるなど共生的なネットワーク化が必要である。

　また，わが国の組織社会や，制度化された社会が，社会・文化的環境，技術環境，経済環境，自然・地球環境，国際環境などの限りない変化によって，その社会的価値が下がりつつある。つまり組織社会の中で生産活動をし，生活してきた人びとが，それらの組織社会を離れたり，個人主義が台頭し，疎遠で，バラバラな社会が形成されてきた。つまり「個の目覚めの時代」が到来しつつある。それは，経済成長によって，自由を求め，核家族化の進行の成れの果である。高齢化の進行と相まって，独居老人が増えているのも，根っこは同じである。そのような状況に対し，何らかの繋がりや束ねを求めている人びとがいることも事実である。何らかの新しいコミュニケー

ション・システム（携帯電話やパソコンなど）やネットワークが希求されている。

今日のように大規模組織が細分化され，個別化され，各組織が小規模化し，個人が自立化・自律化する中で，多くの組織社会のメンバーが，孤立化し，孤独を味わっている。わが国の経済力，産業力，各個別の企業の収益力が落ちてくる中，どうすれば良いのか。現状においては，ネットワーク化し，相互に協力すべきところは協力する以外に方法はなさそうである。そこで第Ⅴ章の最初に定義した「国民主導型の競争ネットワーク社会」は，過去のものとなりつつある。

そこで，現在，希求されているネットワークには，次の2種類が考えられる。

① 「競争型・共生ネットワーク社会」

このネットワーク社会に参加するには，各個人・各ユニットが自立性・自律性・独創性といった3つの条件を満たすことが必要である。ユニットとしての条件を満たし，ユニット間で競争と協力をし，組織社会や産業，さらに企業グループ全体を活性化，グループ全体として「存続と成長」を目指していこうというものである。

② 「循環型・共創ネットワーク社会」

このネットワーク社会の形成により，われわれの住む社会をサスティナブルなものに変えていくことが可能となる。この共創ネットワークは，基本的には，先に定義づけた環境主義にもとづいて，①発生から収束までのプロセスをひとつのリングとして考えること，そのリングのプロセスでムリやムダを出さないこと，②そのひとつのリングを他のリングと連結させ，すべてのリングでムリせずムダを出さないこと，③リング間で協力・共創関係を生成し維持することが要求されると考える。

このような2つのネットワークの基本型は，図表Ⅴ-3　ネットワークの基本型のように表わすことができよう。

図表Ⅴ-3　ネットワークの基本型

①競争型・共生ネットワークの基本型
　ⓐ円環型　　　　　　　　　　　　　ⓑ増殖型

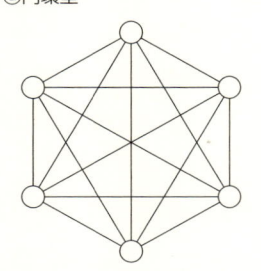

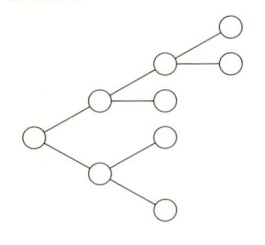

②循環型・共創ネットワークの基本型
　ⓐ時計廻り型　　　　　　　　　　　ⓑ反時計廻り型

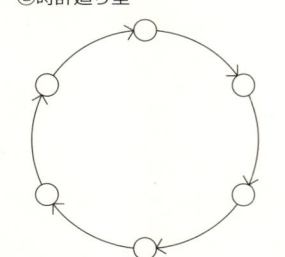

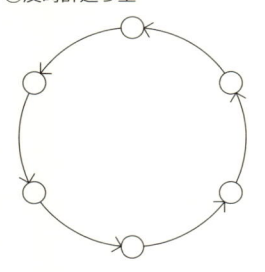

図表Ⅴ-4　循環型・共創ネットワークの応用型のイメージ

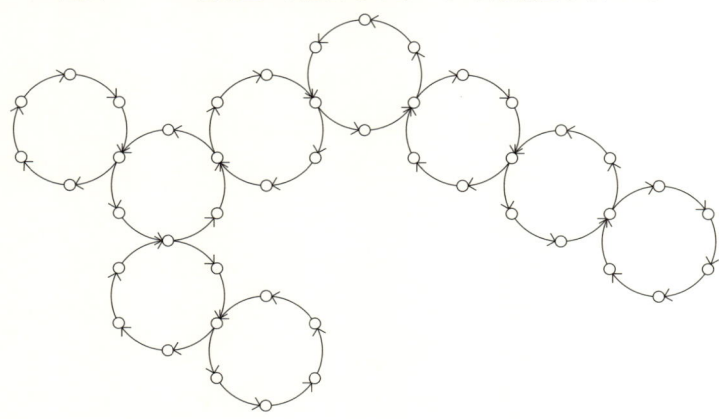

次に,「循環型・共創ネットワーク」の応用型について考えてみよう。それは,以下のような条件を満たすことによって成立しうる。

①それぞれのリングは独自の完結型の機能を担うこと——例えば製品の購買・生産・販売活動,廃棄物の回収・再資源化など。

②それぞれのリングは循環型であり,他の循環型リングと結合して,複数の機能を有する複合型のリングが形成されること——循環型リングが増加することは,環境に負荷をかける経済活動やその負担をできるだけ軽減させようとする環境活動が増加することを意味する。

③すべての人びとやすべてのリングが相互に関わり合っていることから,いつでも,どこでも,誰もが,すべての人びとやトップリーダーが同じような負荷を公平に分担しなければならないこと。

④すべての人びとやリングは共創関係にあり,自然社会や人間社会のサスティナビリティ(持続可能性)を目指していること。

このようなサスティナビリティを目指す「循環型・共創ネットワーク」の応用型は,図表Ⅴ-4　循環型・共創ネットワークの応用型のイメージのようになろう。

あとがき

　私は，1950年に，高知県で生を受けた。大学は駒澤大学経営学部第1期生として，1969年4月に入学した。鈴木幸毅先生との出会いは1年生の時のプロゼミであった。『フォード経営――フォードは語る』という著書を，読み合わせした。時々，先生が質問をされる。私の番がきた。先生は「顧客の創造とは何かな？」と言われたと思う。私は即座に，「必要なものを，必要な時に，必要なだけつくること」と自信満々に答えた。ピントがズレて答えになってはいなかったが，先生は絶対に否定されずに例のごとく，淡々と説明された。今から40年以上も前の話だ。この鈴木先生との問答が，社会に不信感をもっていた私を，普通の世界に引き戻してくれたようだ。いつだったか，私が食ってかかっても，先生は，いつものもの静かな調子でこと細く説明される。この時，もし，これまで会ってきた先生方のように，頭ごなしに注意されたり，怒られていれば，多分，経営学そのものにも関心を示さなかったと思う。

　2年次生の時には，鈴木先生の経営管理論の講義を受けた。前期は，F. W. Tayler（1856-1915）の科学的管理法が中心で，後期はC. I. Barnard（1886-1961）の組織論と管理論が中心だったと思う。期末試験の前に，何が出るか悩んで悩んだ末，先生はバーナードの組織論と管理論を出されると思い，一生懸命に勉強をした。いよいよ経営管理論のテストの時間，問題を見て愕然とした。出されたのは見事なまでに外れ，科学的管理法についてであった。でも好きな科目であったので，頑張って書いたが，可を取れば良いような成績だったと思う。半ばあきらめ，ショックを受けていた。テスト後，数

日後だったか，偶然にも体育館の横の道を歩いていると，先生が近づいてこられて，「成績，優つけたよ。」とおっしゃってくださった。その時の飛び上がらんばかりのワクワクするような気持ちは，今でも忘れない。これまで会った先生方のほとんどは，数字や成績だけで人を判断し，紋切型の成績をつけた。しかし鈴木先生は，まさに全人格的な成績をつけてくださった。また先生は，年に2回だったと思うが，各自のノートを提出させ，赤字を入れて直してくださるなど，今で言えば，とても面倒見のいい先生だった。

　3年次生となり，当然のことながら，鈴木先生のゼミナールの門を叩いた。最初，7〜8人くらいいたと思うが，4年次生の頃には5人くらいしか残っていなかった。私はサブ・ゼミ長をやらせてもらった。大島や神津島などでの夏合宿はいい思い出になった。勉強の内容はC. I. バーナードの『新訳　経営者の役割』(1938年)であった。この本は，私の座右の書であり，3冊くらいを読み潰しているが，最初に購入した本は，本の体をなしておらず，バラバラな状態で分解寸前であるが，私の宝物である。もちろん卒論のテーマもバーナードの経営者の役割であった。しかし，内容もほとんど先生が指導してくださったとおりであったように記憶している。バーナードについては，延べ13年間研究をしたが，まだまだ未完成である。奥深く年代を越えて意義をもつ古典中の古典である。現代を含め，時代の変革期には必要不可欠な名著である。この名著なくして現代は語れない。

　大学院は，同大学大学院の経営学研究科修士課程経営学専攻第1期生として，1973年に入学した。指導教授は，古川栄一先生（元一橋大学教授）であった。古川先生のゼミナールは人気があり，ゼミナリステンは5人くらいであった。この時ほど競争意識の芽生えたことはなかった。先輩といえども皆競争相手だった。この時に，人生初めて絶対に負けたくないと思った。古川先生の講義の内容は発表形式であった。古川先生は，当時，制度経営学のC. I. バーナードをはじめ，P. F. ドラッカーについて，最初の数時間は講義をされた。偶然にも，私も，学部時代からヘンリー・フォードやバーナードに

興味をもっていたので，先生との出会いの奇遇を強く感じた。ドラッカーについては『現代の経営』(1954)を講義してくださり，トップ・マネジメント論や制度経営学について学んだ。先生は，「過去・現在・未来」「漸次的改革」「稀少価値（スケアシティ）」「フレキシビリティ」などという用語をよくお使いになっていた。格言についてもよくおっしゃっていた。例えば「温故知新」「教えることは教えられることである。」「背負うた子に浅瀬教わる。」などは今でも印象深く残っている。

　私が修士の2年次生の時，ある学生が発表したが，どうも先生の御機嫌が悪い。後になって，間接的に聞いたが，「あの発表は何だ。」と言って，すごく怒っていらしたそうだ。その後，よくお使いになる言葉の中に「豚に真珠」「暖簾に腕押し」が追加された。古川先生は，いつもはとても寡黙で温和であるが，厳しい面をお持ちであった。学問を追究される先生方が厳しいのは，むしろ当然のことである。好き嫌いのはっきりされた先生でもあった。

　先生から私への質問で記憶しているのは，バーナードのいう「……協働する人びとの間では，目に見えるものが，目に見えないものによって動かされる。無から，人びとの目的を形成する精神が生ずるのである。」とあるが，「これはどのような意味なんだ？」という質問が飛んできた。その時は，まともに答えられなかった。修士課程の1年次生の時のことであった。

　1975年，当時は，経営学研究科の博士課程はなかったので，修士課程を1年間延長して，経営学研究科の博士課程ができたら，そちらの方に入学をしたいと思ったので，鈴木先生にその事を相談した。その時，先生は「2年で修士は終えなさい。入れるものなら早く博士課程商学専攻に入りなさい。」と厳しくプッシュされた。このことは，鈴木先生にも申し上げていないが，この一言が私の人生をさらに変えたといっても過言ではない。もし，ここで1年間遅れていたら，大学の先生への道がなかったかもしれない。この時ほど，先生という職業の大切さを強く感じたことはなかった。先生の一言が，

その人の一生を左右するかもしれないのである。

　1975年には，大学院商学研究科博士課程商学専攻に入学が許可された。古川先生の御推薦で，1976年には日本経営学会の会員になることもできた。もう一人の推薦人は，藻利重隆先生であった。博士課程に入ってからは，先生は自由に勉強しなさいといった風であった。ただ，博士課程の3年間のうちで，よく覚えているのは，「大学の先生は夏休みが長いからいいよ。」「偉くなればなるほど，腰を低くしなさい。」ということや，制度経営学に関しては「君はバーナードを勉強しているよね。バーナードに関心があるなら，青山学院大学の伊藤文雄先生が研究しているJ. R. コモンズについて研究したら。」というアドバイスであった。これによって，私の中心的な研究課題である「コモンズ，バーナード，ドラッカーの3学説」の基礎が，ここに完成したのだった。当時，古川先生は出版にも意欲的で『安定成長の経営学　第2版』(1979) に続く著書として「トップ・マネジメント論について書きたい。」と，時々おっしゃっていた。

　古川先生の楽しみは，お酒である。鈴木先生もお強い。底なしと言われている。利酒のプロという噂もある。お酒といえば，院生コンパの時に，いつも私たちにお声掛けがある。先生の左は先輩，右は私という風に「池内君，こちらにいらっしゃい。」と言ってくださった。先生のお好きな冷酒を先生と2人で飲んだ。しかし，どれだけ飲んだか覚えていない。後で，腰が抜けたのを覚えている。電車の中でのこと……。現在は，お酒の飲めない私だが，当時は，結構いけた方だった。先生は，お飲みになると，かならず「お座敷小唄」を歌われた。手拍子をとりながら，歌われる姿は，なぜかかわいらしく思えたのは私だけだろうか。

　私は，1978年3月に大学院博士課程を終えたが，先生は送り迎えの自動車（大学院生の運転）の中で，「池内君を就職させるまで死ぬわけにはいかない。」と厳しい口調でおっしゃったそうである。それを聞いた時には，「俺は何て幸せ者だろう。」と感動したものだった。古川先生のお陰で，1978年6

月15日（就職浪人1年目）には，すでに，就職先は日本経済短期大学（現亜細亜大学短期大学部）に内定していた。決まった時には，国立(くにたち)の御自宅に，私と母を呼んでくださった。先生のお心にとても温かみを感じ，涙したものでした。今でも，熱いものが込み上げてくる。

1979年4月1日に，助手として採用されたが，その3ヶ月（？）後に，古川先生は蜘蛛膜下出血で倒れられた。その後，治療・療養されていたが，1981年10月14日に亜細亜大学を退職された。私が講師2年目の時であった。

私にとっての3人目の，あるいは3番目の大きな変化・節目，第3の波について申し上げたい。そのきっかけとなったのは，1986年4月29日に国立教会で行われた古川栄一先生のお別れの会の時であった。お別れの会の受付の案内を，もう一人の先生とやっていた。受付が終了した時に，その先生が，お声を掛けてくださった。その先生が関東学院大学常務理事であった永嶋敬識先生であった。先生は「業績の論文を送ってください。」と言われた。私は早速，次の日に，先生の御自宅にお送りした。それが再就職のきっかけになるなどとは夢にも思っていなかった。当時の日経短大は，私にとって不足があるわけでもなかったので悩んだ。ただ，これも古川先生のお導きかなと思い，採用試験に応募させていただいた。あれから25年，関東学院大学経済学部経営学科の一員として末席に鎮座し続けている。

2010年は私にとって，大きな節目の年でもある。それは，関東学院大学の一員に加えていただいて25年，生を受けて60年，2010年のこの時機に本書を世に問うことができたことは感謝感謝である。

人生60年，さらにさまざまな事があった。まさに「悲喜こもごも」である。最後になったが，1988年以来，私と共に歩み続けてくれている妻に衷心より感謝したい。そして2人の息子たちにも感謝したい。なぜなら，私たちの宝ものであり，生き甲斐だから。

2010年10月18日

相模原の自宅にて　池内守厚

索引

【欧字】

C
C. I. Barnard …………………… 27, 127
C. I. バーナード … 29, 30, 34, 37, 52, 55, 58, 94, 98, 105, 111, 117, 118, 119, 121, 127, 128, 129, 130

F
F. W. Tayler ………………… 116, 127

H
H. A. Simon …………………………… 30
Herbert Spencer …………………… 60

J
J. A. シュンペーター ………… 10, 11, 12
J. R. Commons …………… 27, 47, 48
J. R. コモンズ …… 55, 57, 60, 61, 65, 66, 69, 71, 72, 74, 94, 98, 130

P
P. F. Drucker ……………………… 72
P. F. ドラッカー …… 2, 73, 94, 95, 96, 97, 98, 106, 107, 111, 114, 128, 129, 130
P. コスロフスキー ………………… 15

Q
QCサークル …………………………… 24

【かな】

あ行
愛社精神 …………………… 24, 117
安定成長 ……………………………… 3
安定成長期・マイナス成長期 …… 77
意思 …………………………………… 53
意思決定プロセス ………………… 30
意思決定 ……………………………… 43
意思決定の客観的領域 …………… 44
意思力 ………………………………… 50
一般的・抽象的組織概念 ……… 117
イデオロギー ………………………… 53
伊藤文雄 ………… 59, 61, 67, 72, 130
イノベーション …………………… 113
営業権価値 …………………………… 71
永続性 ………………………… 52, 120
エコ技術 ……………………………… 1

エコシステム ································ 92
エコロジー（生態学）··············· 81
エコロジー思考 ···················· 80, 82
エコロジーの法則 ················ 83, 84
エコロジカル・サイクル ············· 82
エコロジカル・サイクル・システム
··· 82, 84
エコロジカル・サイクル・システムの
原理 ································· 83, 84
エコロジカルな（生態学的な）思考方
法 ··· 79
エコロジカルな（生態学的な）ネット
ワーク社会 ································ 93
エコロジスト（生態学者）············ 94
大きな政府 ······························ 100
オープン・システム ······ 10, 22, 23, 89
温故知新 ····················· 2, 9, 47, 129
オン・ザ・ジョブ ···················· 116
温情主義 ···································· 15

か行

改善活動 ································· 117
科学 ······························· 106, 107
科学技術文明 ············· 107, 108, 113
科学知識 ································· 107
科学的管理 ······························ 116
科学的管理法 ··························· 127
格差社会 ························· 8, 49, 78
過去 ··· 50

過去・現在・未来 ···················· 129
可処分所得 ······························ 100
価値観 ······················ 104, 105, 119
環境経営 ····························· 82, 84
環境経営原理 ···························· 83
環境経営論 ································ 80
環境構成主体 ············ 17, 18, 21, 68
環境産業 ··························· 81, 100
環境主義 ································· 19,
21, 78, 93, 95, 98, 102, 122
環境性 ································ 80, 89
環境変化 ···································· 95
環境倫理 ····························· 79, 87
慣行準則 ························ 56, 57, 61
慣習 ······························· 61, 63, 64
慣習的前提 ································ 52
観念 ···························· 52, 53, 92
管理的取引 ··············· 60, 61, 63, 72
機会 ································ 54, 55
機械概念 ···································· 23
機会価値 ···································· 70
機会主義 ···································· 45
機会主義的側面 ························· 45
機会主義的要因 ························· 43
機械人仮説 ································ 29
機関 ··· 23
企業 ······························· 8, 69, 73
企業家 ······························ 11, 12
企業家精神 ··············· 10, 12, 113

索引

企業間ネットワーク………………1, 23
企業行動……………………………48
企業社会………………………2, 17, 27
企業主導型社会……………………19
企業進化……………………………19
企業組織社会…………………………2
企業内教育…………………………25
企業内組合………………24, 49, 109, 116
企業内組合制度……………………116
企業内長期教育………………24, 109
企業内福祉……………………24, 49
企業内福祉制度……………………109
企業理念……………………………21
企業倫理………………102, 113, 114
技術………………………106, 107
技術革命……………………………107
技術経済……………………………69
技術的問題…………………………67
稀少性………………………………48,
49, 50, 56, 60, 61, 62, 64, 66, 70, 71, 72
規模拡大……………………………68
義務…………………………………115
義務の双務性………………………115
キャロリン・マーチャント………85,
87, 92, 97
強制…………………………………66
共生・共創ネットワーク社会……78
共生・共創のネットワーク………74
共生原理………………………82, 83

競争型・共生ネットワーク………123
競争・共生・共創…………………82
競争・共生社会……………………111
共創社会……………………………111
競争的共生の原理…………………83
共創ネットワーク…………………123
競争のネットワーク………………74
共通目的………………………105, 117
協働……………………………32, 34
協働システム………………………27,
30, 31, 32, 33, 34, 35, 36, 38, 43, 105, 117
共同体…………………………103, 108
協働的制約…………………………32
共同的なネットワーク化…………122
協力・共同システム………………111
キリスト教…………………………102
近代的管理論……………………48, 52
近代的経営管理論…………………29
近代的組織論………………………27
グローカル（グローバル＋ローカル）
化……………………………………1
クローズド・システム……………23
経営管理職能………………38, 40, 42
経営管理責任………………………27,
28, 34, 102, 119, 120
経営管理組織………36, 37, 43, 105, 106
経営人………………………………15
経営理念……………………………65
経済関係の解放化…………………14

経済構造 …………………………… 92
経済社会国家 ……………………… 101
経済人 ……………………………… 15
経済性 …………………………… 80, 89
経済的制度 ………………………… 74
経済の自律化 ……………………… 14
継続性 ………………………… 58, 71, 72
継続と安定 ………………………… 96
決議論 …………………………… 114
限界的な合理性 …………………… 30
権限の受容 ………………………… 119
現代企業社会 ………………… 102, 103
高遠な理想 ………………………… 120
公害対策基本法 …………………… 77
公害問題 …………………………… 77
貢献意欲 ……………………… 105, 117
貢献意欲の確保と維持 …………… 117
高コスト社会 …………………… 3, 122
公式組織 …………………… 37, 39, 40
公私混合企業 ……………………… 19
高ストレス社会 …………………… 79
行動準則 …………………………… 60
高度経済成長期 …………………… 77
ゴーイング・コンサーン …… 11, 47, 57, 58, 59, 60, 61, 62, 63, 64, 68, 69, 71, 81, 85
ゴーイング・ビジネス ………… 62, 64, 69, 70, 72, 74
ゴーイング・プラント …………… 63, 64, 69, 70, 71, 72, 74
顧客 ……………………………… 103
顧客の創造 ……………………… 127
国内総生産（GDP） ……………… 77
国民主導型の競争ネットワーク社会
………………………………… 99, 123
国民主導ネットワーク型社会 … 21, 78
個人行動 …………………………… 48
個人主義 ………………… 17, 30, 32
個人的意思決定 …………………… 43
個人的行動 ………………………… 65
国家 ……………………… 8, 67, 69, 73
個の目覚めの時代 ……………… 122
個の論理 …………………………… 19
コミュニケーション ………… 105, 117
コミュニケーション・システム … 122
コミュニケーション・システムの形成
と維持 …………………………… 117
コミュニティ …………………… 106
混合経済 …………………………… 6

さ行

財貨 …………………………… 64, 65
サスティナビリティ ……………… 79, 80, 81, 82, 84, 85, 89, 90, 93, 122, 125
産業社会 …………………………… 73
3種の神器 ………………………… 24
3層構造 …………………………… 27
自意識 ……………………………… 66

索引　137

思考プロセス ·················· 51, 52
自己中心的倫理 ················ 87, 89
仕事の絆 ························ 106
資産経済 ·························· 70
市場主義 ························· 101
システム ················ 34, 97, 122
自然生態系原理 ················ 83, 84
持続的管理の原理 ·················· 83
私的自治 ·························· 20
私的道徳準則 ················ 118, 119
自動的均衡 ························ 59
支配と服従 ························ 67
資本主義社会 ···················· 2, 4,
5, 7, 8, 13, 16, 27, 47, 69, 77, 78, 95, 100
資本主義社会の3層構造 ············ 69
資本主義制度 ······················ 48
資本主義体制分析 ·················· 48
資本的私企業 ·············· 18, 19, 23
市民 ······················ 8, 69, 73
市民―企業―国家 ············ 100, 101
市民主義 ······ 19, 21, 93, 95, 98, 102, 122
社会科学 ·························· 59
社会構造 ·························· 92
社会進化論 ························ 15
社会性 ························ 80, 89
社会制度 ······················ 72, 95
社会制度化 ······················· 113
社会的影響力 ······················ 68
社会的機関 ······················· 113

社会的機能 ·················· 112, 113
社会的貢献 ···················· 68, 112
社会的信念 ························ 64
社会的精神 ························ 64
社会的生態学 ······················ 96
社会的制度 ···················· 64, 74
社会的責任 ························ 23,
68, 77, 102, 111, 113, 114
社会的組織 ······················· 106
社会的存在 ························ 68
社会的ダーウィニズム ·············· 15
社会的取引 ························ 58
社会的文化 ······················· 113
社会哲学 ·························· 53
若年労働者 ························ 25
自由意思 ············ 29, 31, 55, 61, 62, 64
自由競争 ·························· 21
私有財産 ······················ 66, 67
終身雇用・退職金制度 ········ 24, 110
修正資本主義 ············ 8, 18, 19, 72
集団主義 ·························· 17
集団的意思 ························ 56
自由と制約 ························ 47
自由放任主義 ······················ 20
儒教 ················ 102, 114, 115, 116
主権 ···················· 61, 63, 64, 67
循環型・共創ネットワーク ········· 125
循環型・共創ネットワーク社会 ···· 123
循環型社会 ······················· 122

循環型リング ………… 78, 125
少子高齢化 ………… 1
昇進制度 ………… 110
少品種大量生産 ………… 3
少品種大量生産システム ………… 5
情報システム ………… 122
情報代謝 ………… 9
将来性 ………… 61, 63, 64
ジョブ・ローテーション ………… 116
所得倍増計画 ………… 77
自立・自律の独創性 ………… 111
自立性・自律性・独創性 ………… 102, 123
自律的意思決定 ………… 74
自律的な制度 ………… 73
新自由主義 ………… 16, 17, 77, 101
人的資源 ………… 54
信念・信条 ………… 100
信念や理想 ………… 105
真の使命 ………… 103
新民主主義 ………… 16, 17
信用 ………… 74
スケールメリット ………… 73
鈴木幸毅 ………… 80, 127
スピリチュアル・エコロジー ………… 90
スペンサーイズム ………… 60
スペンサー主義 ………… 15
成果主義 ………… 25
生活価値 ………… 9
生活共同体 ………… 108

生活スタイル ………… 108
生活の質の向上 ………… 112, 113
生態的中心的倫理 ………… 87, 88, 89
制度 ………… 10, 35, 58, 60, 61, 64, 66, 67, 72, 73, 74, 92
制度維持論 ………… 23, 58, 72, 95, 98
制度社会 ………… 21, 28, 102, 122
制度改革的私企業 ………… 19, 24, 95
制度改革論 ………… 24, 95, 98
制度経営学 ………… 34, 35, 58, 61, 69, 72, 96, 128, 129, 130
制度経営学者 ………… 96
制度経済学 ………… 7, 8, 56, 58
制度社会 ……… 21, 27, 28, 98, 102, 111, 122
制度主義 ………… 50
制度的私企業 ………… 19, 23, 68, 72, 95
制度派経済学 ………… 6, 7, 8
生の質 ………… 85
政府主導型社会 ………… 21
生物学 ………… 59
生物的制約 ………… 32
政府と企業主導型社会 ………… 20
生命圏の平等の原理 ………… 90
生命代謝 ………… 9
制約的および補完的要因 ………… 71
制約の要因 ………… 45, 46, 50, 52, 54, 61, 71, 72
西洋合理主義 ………… 70
西洋合理主義的思考 ………… 83

西洋思想 …………………………… 102
西洋哲学 …………………………… 114
責任 …………………………… 118, 119
説得的問題 ………………………… 67
先見性 ……………………………… 118
先見性と理想性 …………………… 119
全人格 …………………………… 10, 109
先進工業社会 …………………… 112, 113
全体主義 …………………………… 30, 32
全体性 ……………………………… 97
全体論 ……………………………… 48
専門経営者 ………………………… 20
専門職化 …………………………… 25
戦略的意思決定 …………………… 45
戦略的およびルーティン的取引 …… 72
戦略的取引 ………………………… 52
戦略的要因 …………………… 43, 45, 46, 72
相互依存 ……… 56, 85, 102, 115, 116, 117
相互依存関係 ……………………… 82
相互依存性 ……………………… 97, 117
相互依存の原理 …………………… 83
総合 ………………………………… 52
相互協力関係の原理 ……………… 83
創造的職能 ………………………… 106
ソーシャリズム …………………… 32
ソーシャル・エコロジー ………… 89, 91, 94, 96, 97
ソーシャル・エコロジスト ……… 94, 96, 97

組織 ……… 35, 36, 37, 38, 64, 65, 105, 117
組織化・管理化 …………………… 77
組織構造 ………………………… 37, 40
組織社会 …………………………… 21, 22, 27, 98, 102, 108, 109, 111, 116, 122
組織的意思決定 …………………… 43
組織的行動 ………………………… 65
組織の能率 ………………………… 38
組織の有効性 ……………………… 38
存続と成長 ………………………… 19, 23, 24, 33, 37, 43, 58, 68, 72, 85, 117, 123

た行

ダーウィニズム ………………… 59, 60
第6次産業 ………………………… 3
大企業病 …………………………… 68
対立・競争ネットワーク ………… 78
対立と競争 ………………………… 78
大量生産システム ………………… 2
高い理想 …………………………… 103
多元社会 …………………………… 73
多元的な組織社会 ………………… 113
多数決民主主義 …………………… 19
多能工 ……………………………… 116
多品種少量生産システム ………… 5
多様性 ……………………………… 111
多様性・柔軟性・変化性 ………… 82
多様性と共生 ……………………… 85
断絶的時代 ………………………… 95

断絶の時代 ………………………… 2
単能工 …………………………… 116
地域環境問題 …………………… 79
地域主義 ………………………… 78
小さな政府 ……………………… 21
知覚 ……………………………… 51
地球環境問題 …………………… 79
地球号 ………………… 81, 84, 86, 93
知識労働者 ……………………… 113
長期安定社会 …………………… 1
長期目的 ………………………… 120
ディープ・エコロジー …… 89, 90, 91
適時性 …………………………… 71
典型7公害 ……………………… 79
動機づけ ………………………… 119
洞察 ……………………………… 51
統治的制度 ……………………… 74
動的・生物的・社会的要因 …… 105
道徳 ……………………… 118, 119
道徳準則 ………………… 102, 119
道徳性 ……………………… 14, 120
道徳性の広さ …………………… 120
道徳的前提 ……………………… 53
道徳的創造性 …………… 105, 119
道徳的側面 ……………………… 45
道徳の創造的職能 ……………… 117
東洋思想 ……………… 83, 102, 109
東洋哲学 ………………………… 114
特許権価値 ……………………… 71

トップリーダー ………………… 121
富の生産 ………………………… 66
取引 ……… 56, 58, 59, 60, 61, 63, 115, 119
取引関係 ………………………… 58
トレーニング …………………… 116

な行

永嶋敬識 ………………………… 131
ナチュラル・エコロジスト（自然生態学者） …………………………… 94
ナレッジ（知識） ……………… 113
2分法 …………………………… 32
日本株式会社論 ………………… 20
日本的経営 ……………………… 4, 7, 27, 100, 103, 108, 109
日本的経営システム …………… 109
日本的雇用システム …………… 23, 24, 25, 109, 110
日本的思考システム ……… 109, 110
日本的社会システム …… 108, 110, 111
日本的文化の広がり …………… 108
日本的労務制度 ………… 49, 116, 117
日本の文化的・伝統的土壌 …… 110
ニュートン・イズム ………… 29, 59
人間 ……………………… 49, 50
人間社会系原理 ……………… 83, 84
人間主義 ……………………… 19, 21, 93, 95, 98, 102, 119, 122
人間中心主義 …………………… 79

人間中心的倫理 ············· 87, 89
人間の精神 ················· 48, 52, 53
人間有機体 ····················· 28
ネットワーク ············· 4, 85, 123
ネットワーク化 ········· 78, 117, 123
ネットワーク型社会 ·········· 21, 79
ネットワーク社会 ················ 21, 27, 93, 98, 102, 122, 123
年功序列賃金 ····················· 24
年功序列賃金・昇進制度 ··· 24, 109
能率 ························ 30, 31, 32, 33, 37, 43, 54, 61, 63, 64, 69, 71, 72, 117
能力主義 ······················ 21, 25
能力主義と成果主義 ············· 78
暖簾分け ························ 109

は行

売買（取引）組織 ··············· 70
売買的取引 ········· 60, 61, 62, 63, 72
発生 ····························· 51
パワー ·························· 55
パワー・ゲーム ·················· 50
反復的意思決定 ·················· 72
非公式組織 ··················· 39, 40
非論理的行為 ···················· 43
フォード・システム ·············· 16
不可視的無形財産 ················ 70
福祉国家 ························ 101
福祉産業 ························ 100

福利厚生 ························ 25
物質代謝説 ······················ 80
物的制約 ························ 32
物理学 ·························· 59
プラグマティズム ········ 58, 59, 60
振り子の原理 ····················· 1
古川栄一 ···················· 128, 131
プロダクト・ミックス ············ 3
文化 ··························· 113
文化的均衡 ······················ 59
分業組織体 ······················ 65
分析 ···························· 51
分別の倫理 ····················· 115
文明 ··························· 113
文明と文化 ···················· 113
平等主義 ··················· 17, 109
ベルト・コンベア・システム ······ 2, 16, 23
変革と創造 ······················ 96
変化性 ························· 111
弁証法 ·························· 32
ヘンリー・フォード ············ 128
補完的要因 ··················· 50, 52
ボトム・アップ思考 ············ 109

ま行

マネジメント ·············· 112, 113
未来 ···························· 50
未来の原始人 ···················· 90

民営化 …………………………………… 16
民主資本主義 ………………………… 19, 24
民主主義 ……………………………… 47
メカニズム …………………………… 60, 61
藻利重隆 ……………………………… 130
目的性 ………………………………… 97
目的と目標の定式化 ………………… 117
モノ代謝 ……………………………… 8
モラール ……………………………… 24, 120
問題回避思考 ………………………… 109

や行

誘因と貢献 …………… 40, 58, 115, 119
有機体 …………………………… 59, 61, 104
有機体概念 …………………………… 23
有機論的民主制 ……………………… 90
有効性 ………… 30, 31, 32, 33, 37, 43, 117
予見 …………………………………… 120

ら行

ラディカル・エコロジー …… 79, 85, 89
リーダーシップ ……………………… 11, 118
利益集団自由主義 …………………… 19
利潤 …………………………………… 70
理想性 ………………………………… 118
倫理 …………………………… 114, 119
倫理学 ………………………………… 118
倫理的および政策的問題 …………… 68
倫理的理念 …………………………… 53

倫理・道徳 …………………… 100, 116
倫理・道徳準則 ……………………… 34
労働準則 ……………………………… 63
労働力の流動化 ……………………… 25
論理的行為 …………………………… 43

わ行

和 ……………………………………… 22
私の論理 ……………………………… 19
割当的取引 ………………… 60, 62, 63, 72

■著者紹介
池 内 守 厚〔いけうち もりあつ〕

現在,関東学院大学経済学部経営学科教授,同大学大学院経済
学研究科経営学専攻教授
主要著書
単　著
『企業進化と創造的経営』(中央経済社,1993年)
『工業経営の進化と経営デモクラシー』(中央経済社,1998年)
『トップリーダーの役割——企業進化とネットワーク経営』
　(白桃書房,2002年,工業経営研究学会2004年学会賞授賞)
共　著
『バーナード理論と労働の人間化』(税務経理協会,1997年)
『経営管理の思想と理論——企業,システム,持続可能性』
　(税務経理協会,2009年)

■ビジネス社会の未来　　　　　　　　　　　　　　KGU叢書

■発行日——2011年3月20日　初版発行　　　　〈検印省略〉

■著　者——池内守厚

■発行者——大矢栄一郎

■発行所——株式会社　白桃書房
　　　　　〒101-0021　東京都千代田区外神田5-1-15
　　　　　☎03-3836-4781　📠03-3836-9370　振替00100-4-20192
　　　　　http://www.hakutou.co.jp/

■印刷・製本——藤原印刷

© Moriatsu Ikeuchi 2011 Printed in Japan　ISBN 978-4-561-23547-7 C3334

JCOPY　〈(社)出版者著作権管理機構　委託出版物〉
本書の無断複写は著作権法上での例外を除き禁じられています。複写される場合は,
そのつど事前に,(社)出版者著作権管理機構(電話 03-3513-6969,FAX 03-3513-6979,
e-mail : info@jcopy.or.jp)の許諾を得てください。
落丁本・乱丁本はおとりかえいたします。

関東学院大学経済学会叢書（KGU叢書）発刊にあたって

大学をとりまく社会的、経済的環境が変化する中で、大学が果たすべき役割も、それに対応して変化していく。

本叢書はこのような現状認識のもとに発刊される。

高等教育の実施機関としての大学の役割は、これまでのように、理論研究とその教育の場といったアカデミズムから、現実に生起する具体的な問題への応用研究と、その成果の教育へのフィードバックという新しい局面への適応も求められるようになってきている。

多様な社会的経済的現象の観察からの仮説設定、仮説の実証に向けた理論的再構築、そして実証に裏打ちされた理論化といった科学的方法論は、時代の変化が急速なほど現実との乖離が厳しくチェックされなければならない。

「開かれた大学からの情報発信」、これが本叢書の基本的なコンセプトであり、この情報発信は、現実にある問題意識に対する有効性の視点から評価されるべきものであり、その評価が大学における研究と教育に反映されることで「開かれた大学」としての新しい役割を担うことが可能になると考えている。

関東学院大学は源流を溯れば百年以上の歴史をもち、旧制高商部を拡充した経済学部としても半世紀にならんとしている。本経済学会は、経済学部の教員・学生を構成員とするものであり、本叢書は学部スタッフによる情報発信のメディアとして位置づけられるものである。本学における研究が、この情報発信を契機として社会的評価を受けることで「机上の空論」の回避を期待している。また、高学歴社会における大学の役割として、単に学部学生だけでなく、社会人に対するリカレント教育にも十分対応できる情報発信でありたいとも考えている。これも「開かれた大学」の重要な要素であろう。

本叢書はここに産声を上げるが、その成長は学部スタッフの努力と精進、そしてその社会的評価にかかっていることを銘記しておきたい。

一九九三年十一月十六日

関東学院大学経済学会　会長　石崎　悦史